聖典セミナー

唯信鈔文意

普賢晃壽

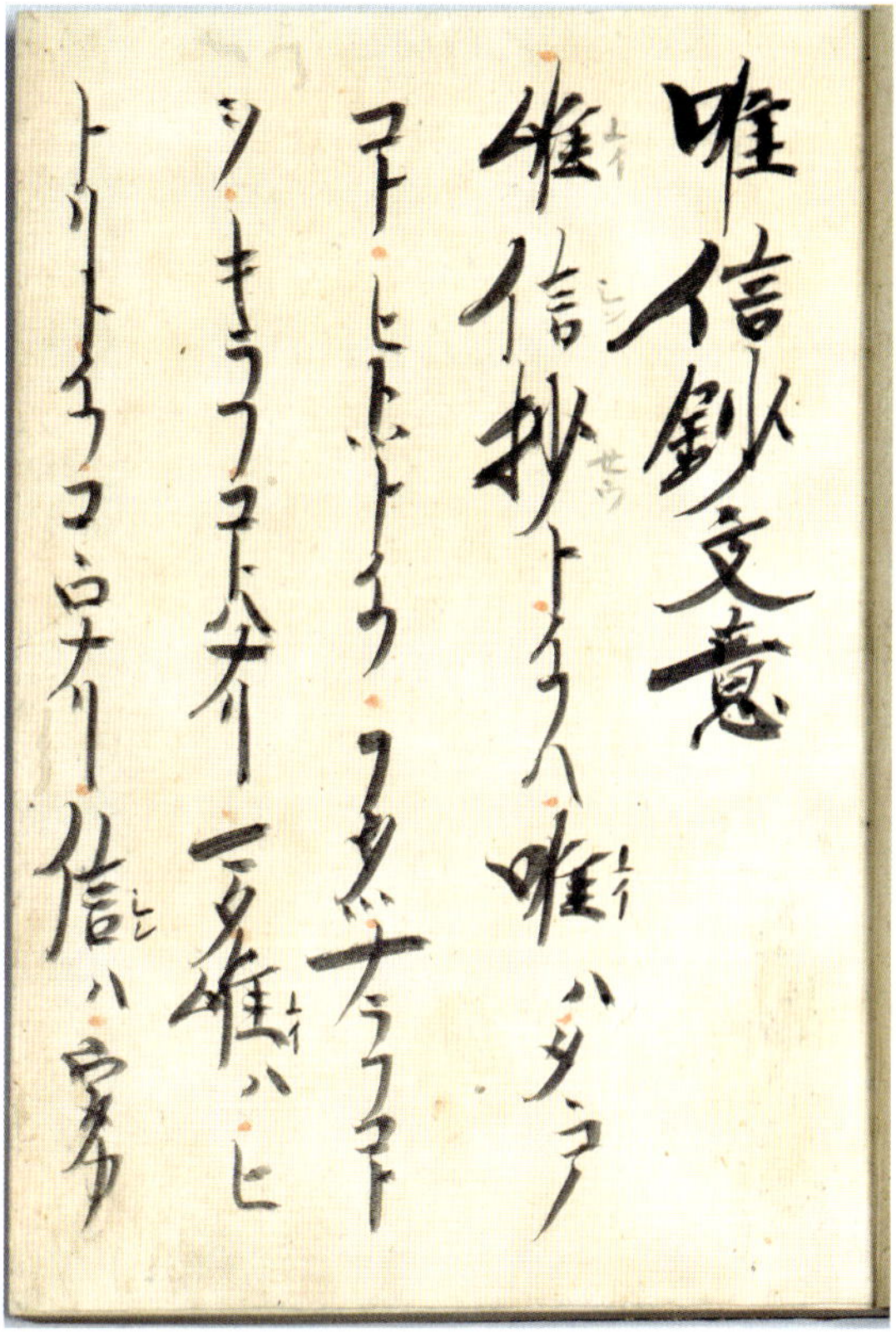
唯信鈔文意
唯《ユイ》信《シン》抄《セウ》トイフハ唯《ユイ》ハタヽコノ
コトヒトツトイフフタツナラフコト
ヲキラフコトハナリ又唯《ユイ》ハヒ
トリトイフコヽロナリ信《シン》ハウタ

真宗高田派・専修寺（三重県津市）所蔵
親鸞聖人真蹟『唯信鈔文意』（正月二十七日本）
国指定重要文化財

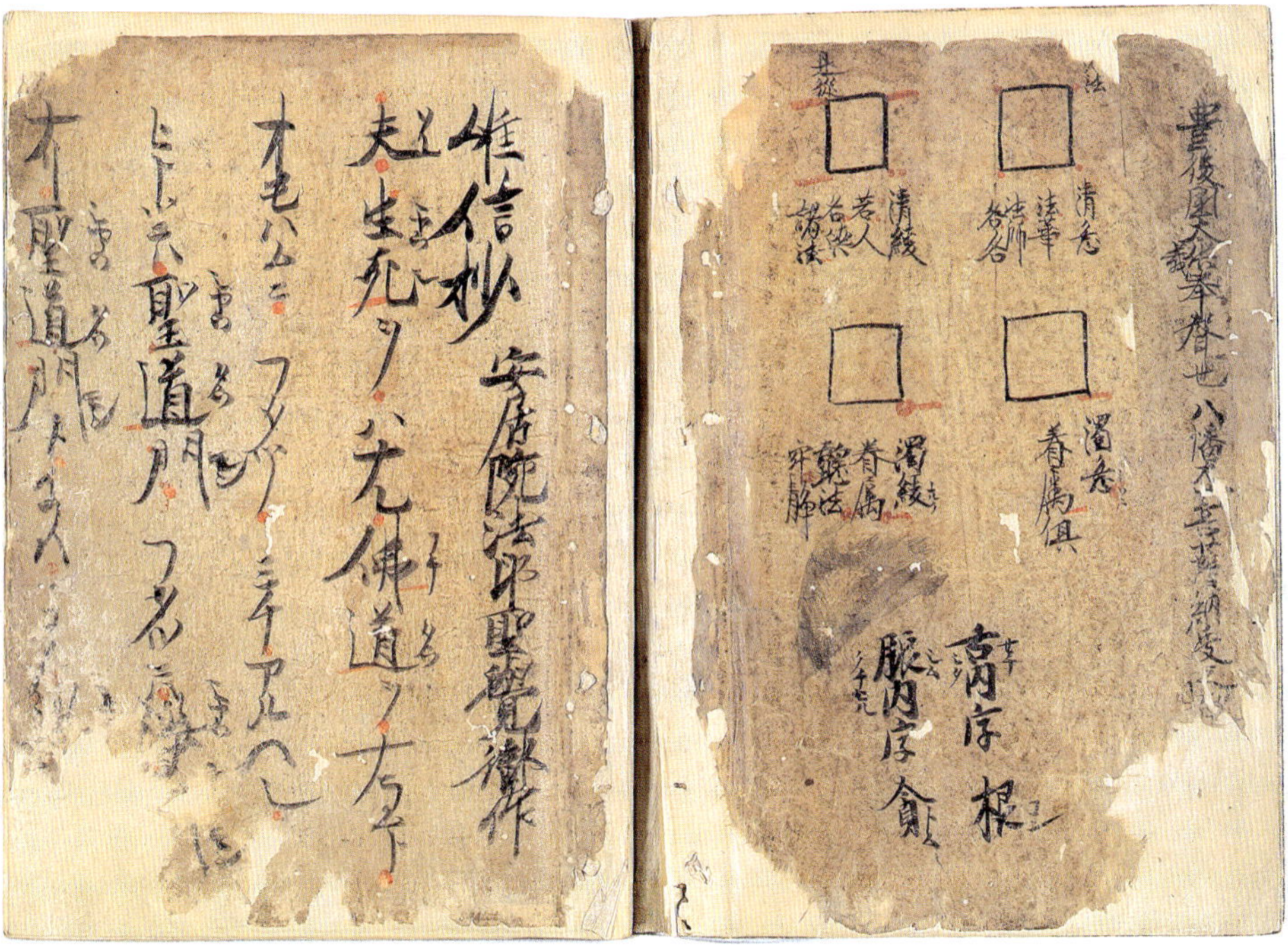
唯信抄 安居院法印聖覚作

浄土真宗本願寺派・本願寺（京都市下京区）所蔵
親鸞聖人真蹟『唯信鈔』
国指定重要文化財

目次

聖典セミナー「唯信鈔文意」

序説

本講

序　説

㈠　法然聖人と聖覚法印

一

親鸞聖人の撰述である『唯信鈔文意』は、法然聖人門下の先輩である聖覚《せいかく》法印の著作である『唯信鈔』について、その題号と本文中に引証された経釈の要文について註釈されたものである。

聖覚法印の生年は仁安二年（一一六七）であり、文暦二年（一二三五）に六十九歳で没している。『尊卑分脈《そんぴぶんみゃく》』によれば、聖覚法印の祖父は藤原通憲《みちのり》（一一六〇没）であり、出家して信西《しんぜい》といい、後白河院の近臣として活躍している。父の澄憲《ちょうけん》（一二〇三没）は天台唱導の祖として有名である。唱導とは仏事の導師であり、人々に説法をして化導することをいう。聖覚法印も父と同じく比叡山に上り、修学をなし、父澄憲の住む安居院《あぐい》を継いでいる。このことから安居院法印聖覚と一般に呼ばれていた。父澄憲と同様に唱導にすぐれ、仏会・講会の導師となった事例は非常に多い。安居院流の唱導師として澄憲・聖覚父子の名声はひろく世人の讃嘆するところであった。藤原定家の『明月記』によれば、聖覚法印のことを、仏弟子中説法第一の称があった富楼那《ふるな》に擬《ぎ》し、彼の説法を嘆じている。

二

いま聖覚法印の唱導、念仏伝道について注意すべきは、彼と法然聖人の関係である。『法然上人行状絵図』には、法然聖人の化導にふかく帰して、法然聖人より浄土往生の口伝《くでん》(直接に師より教えを伝授されること)を受けたことが記されてあり、また聖人が浄土に往生された後は、誰に浄土の法門についての疑問を尋ねればよいかの問いかけに、聖人は「聖覚法印わが心をしれり」と答えられている旨が記されている。さらに『明義進行集《みょうぎしんぎょうしゅう》』には、

上人(法然)つねにのたまひけるは、吾が後に念仏往生の義、すぐにいはむずる人は聖覚と隆寛となりと云々。

とある。法然聖人は自分が往生して後、正しく念仏往生の教えを伝える者として聖覚法印と隆寛律師の名前をあげられているのである。親鸞聖人も後述の如く、法然聖人の念仏往生の正統義の伝持

者として聖覚法印と隆寛律師に絶対の信頼を置いておられるのである。親鸞聖人が書写された『唯信鈔』の真蹟本の一本に、高田専修寺蔵平仮名本がある。その末尾に「聖覚法印表白文」(『定本親鸞聖人全集』写伝篇2・二一七頁)が付載されている。これは隆信(成心)と親盛(見仏)の発願により、法然聖人の生前、報恩の仏事を営んだとき、導師をつとめた聖覚法印の表白文である。

この表白文を見るに、聖覚法印は法然聖人を「わが大師聖人」とたたえ、聖人は釈尊の使者として念仏一門を弘められ、また善導大師の再誕として称名の一行をすすめられているのであり、その教授の恩徳は弥陀の悲願にもひとしとまで讃嘆している。そしてこの大師法然聖人の恩徳に対し、粉骨・摧身《さいしん》して報謝すべしとまで表白文に記しているのである。ここに聖覚法印の師恩に対する心情を見るとともに、法然聖人と聖覚法印の密なる関係をうかがい知ることができるのである。法然聖人の念仏往生の法義を正しく受けついだ聖覚法印の宗教的立場を見ることができるのである。

この表白文は、宗祖の『尊号真像銘文』に依用され、「法印聖覚和尚の銘文」と標し、略抄引用し、註釈がほどこされている。もって、法然・聖覚・宗祖の三者間の念仏の法門の伝統を見ることができるのである。なお今問題にしている『唯信鈔』(平仮名本)は、宗祖六十三歳、文暦二年の書写であり、その奥書に「文暦二年乙未三月五日御入滅」と記されてあるのは、聖覚法印の六十九歳の御入滅を意味するものといえよう。したがって「平仮名本」の書写は、聖覚法印を追慕してのものであったと考えられるのである。宗祖はこの「平仮名本」の末尾に「聖覚法印表白文」を付載することにより、念仏法門の伝統を明らかにしようとせられたものとうかがうのである。

(二) 親鸞聖人と『唯信鈔』

一

親鸞聖人は、法然教義の正統的理解者として聖覚法印を崇敬されている。法印の著作である『唯信鈔』は承久三年（一二二一）五十五歳の時に撰述されている。『唯信鈔』の聖覚自筆本は残っていない。しかし親鸞聖人の書写になるものが四本現存する。高田専修寺所蔵本（信証本）を見るに、寛喜二年に宗祖が書写されていることが奥書に記されている。寛喜二年は聖覚法印六十四歳で、まだ存命中であり、宗祖五十八歳である。宗祖が関東在住中であり、思うに『唯信鈔』の聖覚真筆の草本が宗祖のところへ送られ、これを書写されたものと考えられる。両者の交友の深さを知ることができる。両者の関係を示す文証をあげれば次の通りである。

①上に一言した如く『唯信鈔』（平仮名本）の末尾に付載されている「聖覚法印表白文」を見る

に次下の文言がある。

(イ)「誠に知んぬ、無明長夜の大いなる灯炬《とうこ》なり、何ぞ智眼の闇きことを悲しまむ。生死大海の大いなる船筏なり、豈《あに》業障の重きことを煩はむや」

(ロ)「つらつら教授の恩徳を思へば、実に弥陀の悲願に等しきものか、骨を粉にしてこれを報ずべし、身を摧《くだ》きてこれを謝すべし」

(イ)の表白文によりて作成されたのが、次の『正像末和讃』である。

無明《むみょうじょうや》　長夜の灯炬《とうこ》なり
　智眼《ちげん》くらしとかなしむな
　生死《しょうじ》大海《だいかい》の船筏《せんばつ》なり
　罪障《ざいしょう》おもしとなげかざれ

(『註釈版聖典』六〇六頁)

(ロ)の文により作成されたのが同じく、

如来大悲《にょらいだいひ》の恩徳《おんどく》は
　身《み》を粉《こ》にしても報《ほう》ずべし
　師主知識《ししゅちしき》の恩徳《おんどく》も
　ほねをくだきても謝《しゃ》すべし

(『註釈版聖典』六一〇頁)

聖覚法印に対する宗祖の崇敬の念を推察することができる。

二

②この本願《ほんがん》のやうは、『唯信抄《ゆいしんしょう》』によくよくみえたり。「唯信《ゆいしん》」と申《もう》すは、すなはちこの真実信楽《しんじつしんぎょう》をひとすぢにとるこころを申《もう》すなり。

（『尊号真像銘文』『註釈版聖典』六四四頁）

③さきにくだしまゐらせ候《そうら》ひし『唯信鈔《ゆいしんしょう》』・『自力他力《じりきたりき》』なんどのふみにて御覧候《ごらんそうろ》ふべし。それこそ、この世《よ》にとりてはよきひとびとにておはします。すでに往生《おうじょう》をもしておはしますひとびとにて候《そうら》へば、そのふみどもに書《か》かれて候《そうろ》ふには、なにごともなにごともすぐべくも候《そうら》はず。法然聖人《ほうねんしょうにん》の御《おん》をしえを、よくよく御《おん》こころえたるひとびとにておはしますに候《そうら》ひき。

（『親鸞聖人御消息』『註釈版聖典』七四三頁）

④日《ひ》ごろやうやうの御《おん》ふみどもを、書《か》きもちておはしましあうて候《そうろ》ふ甲斐《かい》もなくおぼえ候《そうろ》ふ。『唯信鈔《ゆいしんしょう》』、やうやうの御《おん》ふみどもは、いまは詮《せん》なくなりて候《そうろ》ふとおぼえ候《そうろ》ふ。よくよく書《か》きもたせたまひて候《そうろ》ふ法門《ほうもん》は、みな詮《せん》なくなりて候《そうろ》ふなり。慈信坊《じしんぼう》にみなしたがひて、めでたき御《おん》ふみどもはすてさせたまひあうて候《そうろ》ふときこえ候《そうろ》ふこそ、詮《せん》なくあはれにおぼえ候《そうら》へ。よくよ

く『唯信鈔《ゆいしんしょう》』・『後世物語《ごせものがたり》』なんどを御覧《ごらん》あるべく候《そうろ》ふ。

（『親鸞聖人御消息』『註釈版聖典』七七四頁）

⑤京《きょう》にも一念多念《いちねんたねん》なんど申《もう》す、あらそふことのおほく候《そうろ》ふやうにあること、さらさら候《そうろ》ふべからず。ただ詮《せん》ずるところは、『唯信鈔《ゆいしんしょう》』・『後世物語《ごせものがたり》』・『自力他力《じりきたりき》』、この御《おん》ふみどもをよくよくつねにみて、その御《おん》こころにたがへずおはしますべし。

（『親鸞聖人御消息』『註釈版聖典』七七五頁）

⑥まづ一念《いちねん》にて往生《おうじょう》の業因《ごういん》はたれりと申《もう》し候《そうろ》ふは、まことにさるべきことにて候《そうろ》ふべし。さればとて、一念《いちねん》のほかに念仏《ねんぶつ》を申《もう》すまじきことには候《そうら》はず。そのやうは『唯信鈔《ゆいしんしょう》』にくはしく候《そうろ》ふ。よくよく御覧候《ごらんそうろ》ふべし。……かならず一念《いちねん》ばかりにて往生《おうじょう》すといひて、多念《たねん》をせんは往生《おうじょう》すまじきと申《もう》すことは、ゆめゆめあるまじきことなり。『唯信鈔《ゆいしんしょう》』をよくよく御覧候《ごらんそうろ》ふべし。

（『親鸞聖人御消息』『註釈版聖典』八〇五頁）

③から⑥までは、関東の門弟に宗祖が送られた「御消息」であり、聖覚法印の『唯信鈔』を推挙されているのである。『唯信鈔』を書写して関東の門弟に幾度も授与され、念仏往生の正統な証権として本書を位置づけておられるのである。そしてこれにより門弟中の法門上の混乱を是正せんとされている宗祖の姿勢を見るのである。

三

②の『尊号真像銘文』は、第十八願の子細は聖覚法印の『唯信鈔』に十二分に説明されていると、信心正因の法門の証権として宗祖は本書を讃仰されているのである。

③の「御消息」は、『唯信鈔』の著者である聖覚法印、『自力他力事』の著者である隆寛律師は、法然聖人の教えをよく御了解、伝統されている方々であるから、これらの方々の書かれた聖教に勝るものはないと門弟達にすすめられている手紙である。文中に「さきにくだしまゐらせ候ひし『唯信鈔』云々」とあるより、宗祖が『唯信鈔』を書写して関東の門弟に授与されていたことが知られる。

④の「御消息」であるが、関東の門弟達は宗祖より書写し授与された『唯信鈔』を各自転写して所持していたものと思われる。しかし残念なことに、慈信房（宗祖の子息・善鸞。関東にて宗祖の教えと異なった説を主張して、関東の門弟達を混乱せしめた善鸞事件の中心人物）にしたがい、立派な書である『唯信鈔』等を門弟達が捨てたことを悲しみ、讃仰すべきことを申し送られた手紙である。

⑤と⑥の「御消息」であるが、門弟の一念多念の諍論に対して、一多の偏執を誡められているのである。『一念多念文意』の総結の文に「浄土《じょうど》真宗《しんしゅう》のならひには、念仏往生《ねんぶつおうじょう》と申《もう》すなり。まつたく

一念往生《いちねんおうじょう》・多念往生《たねんおうじょう》と申《もう》すことなし」（『註釈版聖典』六九四頁）と教示されている。浄土真宗のお念仏は、如来の本願力により称えせしめられていく他力の念仏であり、一念の念仏も、多念の念仏も如来よりのたまわりものである。一多の偏執は論外というべきである。宗祖は一多の諍論を裁断する準縄《じゅんじょう》（手本）、証権として『唯信鈔』を門弟に推奨されているのである。

かくして宗祖は、師法然聖人の教えを正しく理解し伝統されている同門の先輩として、聖覚法印を敬慕されていたのであり、かかる点より法印の『唯信鈔』に引抄せられた要文を解釈し、正しい法義の顕揚をなされたのが、宗祖の『唯信鈔文意』であるといえよう。『尊号真像銘文』の冒頭に第十八願を解釈して、「この本願《ほんがん》のやう（子細）は『唯信抄《ゆいしんしょう》』によくよくみえたり」（『註釈版聖典』六四四頁）と結ばれている点より、『唯信鈔』のもつ教学的位置が理解されるであろう。

(三)　真宗教学史上の聖覚法印

一

法然聖人・聖覚法印・親鸞聖人の教学上の密なる関係は上来で説明したが、真宗教学史上においても聖覚法印は注目されている。

それは覚如上人の『口伝鈔』の上に見ることができる。本書はその冒頭に「本願寺《ほんがんじ》の鸞聖人《らんしょうにん》（親鸞）、如信上人《にょしんしょうにん》に対《たい》しましまして、をりをりの御物語《おんものがたり》の条々《じょうじょう》」（『註釈版聖典』八七一頁）とある如く、親鸞聖人より如信上人（聖人の御孫）に、如信上人より覚如上人に伝えられた御法語・行状を、覚如上人が門弟である乗専に筆録せしめられたものである。この第一条を見るに、法然聖人・聖覚法印・親鸞聖人の関係が密なることが記されている。法然聖人が表明された専修念仏、浄土一宗の独立は当時の教界に一大衝撃を与え、朝廷、南都・北嶺より、吉水教団に弾圧が加えられているのである。『口伝鈔』の第一条（『註釈版聖典』八七一～八七四頁）は、吉水教団の危機に関してのものである。その大要を記すれば次の通りである。

ある時、親鸞聖人が次のように申された。

法然聖人の浄土宗が盛んになってくるにつれ、天皇をはじめ、正しく理解しない人々が多かった。そこで浄土宗の教義を破せんため、ちょうど宮中で七日間の逆修（生前に自分のための仏事をあらかじめ修すること）の法会がいとなまれるにあたり、この機会に安居院の聖覚法印に、浄土宗なる一宗は聖道諸宗以外に独立すべきものでないことを説法させ、念仏教団の人々をおとしいれんとする策謀がなされた。そしてこの旨が天皇よりの勅請として聖覚法印にくだされた。しかし聖覚法印は、天皇のお召しを受けながら、師法然聖人の本意に順じ説法をし、あまつさえ聖道諸宗の外に浄土一宗が興行することにより、凡夫が浄土に往生することができる大益がめぐまれる旨を、特に申し立てられたことであった。

このことを法然聖人が聞かれ、非常に心配され、浄土の宗義が破せられたならば一大事である。そこで聖覚法印に使者を立てて、事の重大性を申し入れておかねばならない。その使者として善信房（親鸞）を法然聖人は指名された。

善信房が安居院に到着せられたとき、聖覚法印は入浴中であったが、善信房が使者である旨を聞かれ、いそいで湯殿から出て対面された。そこで善信房より法然聖人の仰せを聞かれると、聖覚法印は次の如く答えられている。「法然聖人のみ教えをおろそかにはしていません。たとえ勅命といえども師法然聖人の命を破ることはできない。聖浄二門を混乱するようなことは申さず、その上、浄土の宗義を申し立てておきました。主命よりも師教を重く思うからです」（取意）。聖覚法印は法然聖人が安心されるように申し伝えてほしいと、善信房に語られているのである。

善信房は吉水に帰り、聖覚法印が宮中で説法された通りを重説されたものを、法然聖人の前で一言ももらさず述べられた。

以上の如く『口伝鈔』第一章では記されている。この内容より明らかな如く、法然聖人の教えが伝承される流れの中での聖覚法印の教学上の重要性、法然聖人・聖覚法印・親鸞聖人の三者の関係の密なることを、覚如上人も十二分に認識されていたことが理解されるのである。

二

さらに『御伝鈔』上巻第六段を見るに、信不退・行不退の説話が記されている（『註釈版聖典』一〇四九頁）。その大要は以下の通りである。

法然聖人のご許可のもと、聖人の門下が参集せられた席で、善信聖人が次の如く質問されている。

「今日《こんにち》は信不退《しんふたい》・行不退《ぎょうふたい》の御座《みざ》を両方《りょうほう》にわかたるべきなり、いづれの座《ざ》につきたまふべしとも、おのおの示《しめ》したまへ」

以上の問いかけに対し、法印大和尚聖覚、釈信空上人法蓮《ほうれん》（称弁《しょうべん》）、さらに遅参した沙弥法力（熊谷直実）が信不退の座につくべきことを申し出られた。しかしこの場には数百人門徒が群集していたが、一言も言葉を発するものがいない。これは多分自力の迷心にこだわって、他力の金剛の信心に昏いからだろうか。「人《ひと》みな無音《ぶいん》のあひだ、執筆上人《しゅひつしょうにん》　親鸞《しんらん》　自名《じみょう》を載《の》せたまふ。ややしばらくありて大師《だいし》聖人《しょうにん》仰《おお》せられてのたまはく、〈源空《げんくう》も信不退《しんふたい》の座《ざ》につらなりはんべるべし〉と」。

以上の如く、『御伝鈔』には記述されている。この出来事の信憑性については不明であるが、法然門下では一念・多念の論争があったことは否めない事実である。いま問題になるのは、覚如上人が、法然聖人を正しく継承するのは親鸞聖人であり、その親鸞聖人と同じく、正しい継承者として聖覚法印の名をあげていることである。ここに真宗教学史上における聖覚法印の位置づけを見るのである。法然聖人・聖覚法印・親鸞聖人の三者間における法脈伝承上の密接な関係を、覚如上人が注目せられていた事実からしても、聖覚法印の立場の重要性をうかがい知ることができるのである。

(四)『唯信鈔』撰述の歴史的背景

一

前述の如く、親鸞聖人は聖覚法印の撰述になる『唯信鈔』を敬重され、これを教義上の証権とすることを門侶にすすめられている。このような本書を聖覚法印はいかなる状況のもとで執筆しているのであろうか。細川博士によれば、承元の念仏弾圧と承久の乱の歴史的関係の上より、本書撰述の背景について論じられている（『真宗教学史の研究　歎異抄・唯信鈔』）。

承元の法難とは、衆知の如く法然聖人の吉水教団への承元元年（一二〇七）の弾圧をいう。延暦寺・興福寺を中心とする旧仏教側は専修念仏の停止を朝廷に訴えているのである。法然聖人は土佐（実質の流罪地は讃岐）、親鸞聖人は越後に流罪になっている。このときの状況を聖人は『教行信証』後序において誌されている。ここに後鳥羽・土御門・順徳（佐渡院）の三上皇の名があげられている。そして朝廷の弾圧を、聖人は「主上臣下《しゅじょうしんか》、法《ほう》に背《そむ》き義《ぎ》に違《い》し、忿《いか》りを成《な》し怨《うら》みを結《むす》ぶ」（『註釈版聖典』四七一頁）と批判されているのである。三上皇は吉水教団弾圧の当事者（「主上」）である。しかしながら、それから十四年後の承久の乱により、三上皇はいずれも鎌倉幕府により配流となるのである。承久三年（一二二一）、後鳥羽上皇を中心とする幕府討伐の企ては失敗に帰するのである。幕府はさらに親王から重臣にいたるまで処罰している。かつて「背法違義」を行った「主上臣下」が十四年後に弾圧されているのである。

いま注意すべきは、この承久三年、承久の乱がおさまって間もなく、聖覚法印の『唯信鈔』が撰述されていることである。本書は承久三年八月十四日の成立である。あたかも主上臣下にたいする処分が行われている最中というべく、当時の激動する歴史的状況の中での聖覚法印の思いが本書に吐露されているというべきであろう。十四年前に専修念仏停止の院宣がくだされているが、その法然聖人の念仏の教えの正当性を讃仰すべく、聖覚法印は筆をとり『唯信鈔』を世に問うたものといえるのである。

二

さらにすでに述べるところのあった文暦二年（一二三五）、親鸞聖人書写の高田専修寺蔵平仮名本末尾に数通の聖人の筆になる付載の文書がある。その一は前述の「聖覚法印表白文」であり、その二は「但馬親王令旨聖覚法印御報状」であり、その三は「或人夢（聖覚法印に関する夢想記）」である（『定本親鸞聖人全集』写伝篇所収）。

この「平仮名本」の書写された文暦二年に聖覚法印は没している（三月五日）。本書奥書に、聖人は聖覚御入滅の註を記されている。よって本書の書写は、聖覚法印を追慕してのものであることが知られる。そしてこの平仮名本の末尾に三通の文書を付載されていることは、『唯信鈔』撰述に対する親鸞聖人の特別な思いが示されていると見るべきであろう。

付載文書第二の「但馬親王令旨聖覚法印御報状」であるが、但馬親王とは、承久の乱で承久三年七月に但馬国に流された後鳥羽上皇の皇子の雅成《まさなり》親王のことである。厳しい配流の中で、生きる心の依りどころを念仏に求めた親王は、念仏往生の不審を聖覚法印に尋ねているのである。それへの聖覚法印の返書である。同文のものが『法然聖人行状絵図』第十七巻に延書しておさめられている。その聖覚法印の返事は、承久三年十二月十九日付けで親王に送られている。「御念仏のあひだの御用意は、一切の功徳善根のなかに、念仏最上に候。十悪・五逆なりといへども罪障またくその障とならず云々」等といい、念仏往生の尊さが述べられている。

付載文書第三の或人夢の記事であるが、後鳥羽上皇が聖覚法印を釈迦如来として拝したという「或人　夢《ゆめにみらく》」の伝承の記録である。

法印御房（聖覚）をおがみまいらせて、宣旨にいはく、釈迦のおはしますなりとて、おがみまいらせよとて、おがみまいらせおはします。わがみも人も釈尊のおはしますにこそとて、みなおがみまいらせ候とみて覚了。

以上のごとき付載文書より見るに、親鸞聖人の『唯信鈔』に対する崇敬の念が書写の文字からにじみ出ているというべきである。法然聖人の吉水教団弾圧の中心人物である後鳥羽上皇父子の聖覚法印に対する敬慕、念仏往生への求道の思念に関する文書を、聖覚法印入滅の文暦二年に『唯信鈔』を書写するにあたり、その末尾に付載したことは、法然浄土教の正しい継承者としての聖覚法印の歴史的立場の位置づけ、『唯信鈔』の持つ証権としての重要性を親鸞聖人は示されていると思われるのである。そして他力念仏のみ教えは、弾圧される側のみではなく、弾圧する側も共になべて平等に救われていく大道であることを、付載の文書によって説示されているとうかがうのである。『親鸞聖人御消息』を見るに、建長七年（一二五五）十月三日付けの笠間の念仏者への消息には「〈この念仏《ねんぶつ》する人《ひと》をにくみそしる人《ひと》をも、にくみそしることあるべからず。あはれみをなし、かなしむこころをもつべし〉とこそ、聖人《しょうにん》（法然）は仰《おお》せごとありしか」（『註釈版聖典』七四八頁）といい、師法然聖人の言葉を引用して、念仏する人をにくみそしる人にまでも、あわれみをなし、いとおしむこころを持つべきことをすすめている。親鸞聖人八十三歳の時の消息であり、この翌年に善鸞を義絶されているのである。

また聖覚法印の『唯信鈔』末尾には、

信謗《しんぼう》ともに因《いん》として、みなまさに浄土《じょうど》に生《うま》るべし。今生《こんじょう》ゆめのうちのちぎりをしるべとして、来世《らいせ》さとりのまへの縁《えん》を結《むす》ばんとなり。（『註釈版聖典』一三五六頁）

と記されている。他力念仏のみ教えを信ずるものも、非難するものも、これを因縁として、みな人はすべて浄土に救われていくでしょうと、聖覚法印は語っているのである。上に述べた如く、本書は承久三年の著作である。十四年前の承元元年に法然聖人の吉水教団に弾圧を加えた後鳥羽上皇が配流になっていく直中で、本書は撰述されているのである。その聖覚法印の胸中の思いが吐露されているのが、前掲の『唯信鈔』の末尾の言葉の意味するところとうかがうのである。信ずるものもそしるものも、共に如来大悲の掌の中にあるというのが、法然聖人・聖覚法印・親鸞聖人の御領解であったといえよう。

(五)『唯信鈔』の内容

一

本書はその題号に表示されている如く、真実の他力の信心を根底にした念仏こそが、法然聖人より相承する如実の念仏たることを開顕された書ということができる。本文に、

つぎに念仏《ねんぶつ》を申《もう》さんには、三心《さんしん》を具《ぐ》すべし。ただ名号《みょうごう》をとなふることは、たれの人《ひと》か一念《いちねん》・十念《じゅうねん》の功《こう》をそなへざる。しかはあれども、往生《おうじょう》するものはきはめてまれなり。これすなはち、三心《さんしん》を具《ぐ》せざるによりてなり。(『註釈版聖典』一三四五頁)

と説示されている。信心具足の念仏のみが、真実の浄土往生の因となる旨を釈顕されているのである。

本書の内容は大別すると前半と後半に分かたれる。前半は専修念仏の真実の開顕であり、後半は専修念仏に対する世の誤解を破している。前半の一段は顕正であり、後半の一段は異義の批判である。

二

まず前半の顕正の一段の内容よりうかがうに、この部分は（イ）聖浄二門、（ロ）諸行往生・念仏往生、（ハ）専雑二修、（ニ）三心の四に分かたれる。法然浄土教を伝統する聖覚法印にあっては、『唯信鈔』の内容構成は法然聖人の『選択集』の教学を前提とするものである。（イ）聖浄二門の部分は『選択集』二門章にあたり、（ロ）諸行往生・念仏往生、（ハ）専雑二修は『同』二行章と本願章を受け、（ニ）三心は『同』三心章を受けて構成されている。『選択集』一部十六章の中心は二行章と本願章である。いまこの二章を中心とし、さらに二門章、三心章を受け、『選択集』一部の肝要は第十八願の信心の念仏である旨を詮顕せんとするところに『唯信鈔』前段の趣意が存するといえるであろう。

三

（イ）聖浄二門。この一段の内容であるが、聖覚法印は次の如く語っている。

それ生死《しょうじ》をはなれ仏道《ぶつどう》をならんとおもはんに、二《ふた》つのみちあるべし。一《ひと》つには聖道門《しょうどうもん》、ふたつには浄土門《じょうどもん》なり。

（『註釈版聖典』一三三七頁）

釈尊は一代に八万四千の法門をお説きになったといわれている。この釈尊所説の法門を大別すると聖道門と浄土門の二に分かたれる。聖道門は、この娑婆世界で自力で修行をしてさとりを証せんとする教えである。しかし末法濁世においては、現身のまま証果を得ることは億々の人の中に一人も存しない。これは釈尊が入滅されてより、長い時間が過ぎ去り、所説の教理が深遠であり、領解することができなくなってしまっているからである。これに対し浄土門は、浄土に生じて仏果を証せんとする法門のことである。この浄土門の教えは「末代の機（末法の時代に生きる人）にかなへり」と聖覚法印は説いている。

四

（ロ）諸行往生・念仏往生。この浄土門に諸行往生と念仏往生の二を分かたれてある。諸行往生は父母に孝養し、師長につかえ、五戒八戒の持戒を実践し、あるいは布施・忍辱を行じ、真言の三密・天台の止観の行を浄土往生の因法として、浄土に願生せんとするものである。しかしこれは、自力で往生を願うものであって、行業がおろそかであれば、浄土往生は困難である。「かの阿弥陀仏の本願にあらず。摂取の光明の照らさざるところなり」と説示している。

次に念仏往生とは、

阿弥陀《あみだ》の名号《みょうごう》をとなへて往生《おうじょう》をねがふなり。これはかの仏《ぶつ》の本願《ほんがん》に順《じゅん》ずるがゆゑに、正定《しょうじょう》の業《ごう》となづく。ひとへに弥陀《みだ》の願力《がんりき》にひかるるがゆゑに、他力《たりき》の往生《おうじょう》となづく。

（『註釈版聖典』一三三九頁）

と説示されている。第十八願の他力の称名念仏往生であり、この念仏行は我々を浄土に往生せしめる業因であり、ひとえに弥陀の本願他力により救われていく大道である旨を聖覚法印は説いている。

この念仏往生につづいて、称名念仏が仏願に順ずる理由について論じている。この部分は『選択集』の本願章に相当する。すなわち法蔵比丘の仏願の生起について述べている。西方浄土への衆生の往生は自力の諸行では不可能である。往生極楽の別因として、弥陀の名号を称うるをもって往生の別因として第十七・十八願が誓われてあることが説示されている。

> これによりて一切《いっさい》の善悪《ぜんあく》の凡夫《ぼんぶ》ひとしく生《うま》れ、共《とも》にねがはしめんがために、ただ阿弥陀《あみだ》の三字《さんじ》の名号《みょうごう》をとなへんを往生極楽《おうじょうごくらく》の別因《べついん》とせんと、五劫《ごこう》のあひだふかくこのことを思惟《しゆい》しをはりて、まづ第十七《だいじゅうしち》に諸仏《しょぶつ》にわが名字《みょうじ》を称揚《しょうよう》せられんといふ願《がん》をおこしたまへり。この願《がん》ふかくこれをこころうべし。名号《みょうごう》をもつてあまねく衆生《しゅじょう》をみちびかんとおぼしめすゆゑに、かつがつ名号《みょうごう》をほめられんと誓《ちか》ひたまへるなり。（『註釈版聖典』一三四〇頁）

『選択集』の上では、念仏往生の本願は第十八願のみの一願建立の立場であり、第十七願への注視は存しない。ただし法然聖人の『三部経釈』・『登山状』には、第十七願への注視は存する。とにかく親鸞聖人と同じく、聖覚法印が第十七願に注目されていたことは、教学伝承上における法印の発揮というべきであろう。名号をもって一切の衆生を導かんと諸仏による名号の称揚讃嘆が誓われてあるのが第十七願である。十方諸仏の名号讃嘆により、如来の尊号は十方世界に流行して、十方衆生にとどけられるというべきであろう。

そしてこの第十七願所誓の名号が、衆生の上に信心称名となって展開し、念仏衆生を摂取したもうことが誓われてあるのが第十八願である。

さてつぎに、第十八《だいじゅうはち》に念仏往生《ねんぶつおうじょう》の願《がん》をおこして、十念《じゅうねん》のものをもみちびかんとのたまへり。

（『註釈版聖典』一三四一頁）

聖覚法印は善導大師・法然聖人の伝統を受けつぎ、乃至十念の他力の称名念仏を浄土往生の正因として開顕されているといえるであろう。そして第十七願・第十八願の上に、弥陀如来の衆生救済の具体性を開顕された点に、聖覚法印と親鸞聖人の間に法脈の密なる関連を見るのである。かくて第十八願の他力の称名念仏は、行住座臥、時処諸縁をきらわず、老若男女、善悪無碍の往因法である旨を詮顕している。そして最後に、龍樹菩薩の『十住毘婆沙論』「易行品」所説の難易二道判の文を引用し、聖道門は難行道であり、浄土門は易行道で、海路に順風を得たるがごとしといい、浄土門中の諸行往生は海路の舟に乗りながら順風を得ざるがごとしと結している。

五

（八）専雑二修《せんぞうにしゅ》。この一段に、念仏往生の門について専修と雑修の二行を分けている。その専修については、

専修《せんじゅ》といふは、極楽《ごくらく》をねがふこころをおこし、本願《ほんがん》をたのむ信《しん》をおこすより、ただ念仏《ねんぶつ》の一行《いちぎょう》

をつとめてまつたく余行《よぎょう》をまじへざるなり。他《た》の経《きょう》・呪《しゅ》をもたもたず、余《よ》の仏《ぶつ》・菩薩《ぼさつ》をも念《ねん》ぜず、ただ弥陀《みだ》の名号《みょうごう》をとなへ、ひとへに弥陀一仏《みだいちぶつ》を念《ねん》ずる、これを専修《せんじゅ》となづく。

（『註釈版聖典』一三四二頁）

とあるものである。専修とは弥陀一仏以外の余仏・余菩薩を信ぜず、極楽を願う心をおこし、弥陀の本願を信じ、弥陀念仏一行を修し、余行をまじえないことをいうのである。また雑修とは、

雑修《ざっしゅ》といふは、念仏《ねんぶつ》をむねとすといへども、また余《よ》の行《ぎょう》をもならべ、他《た》の善《ぜん》をもかねたるなり。

（『註釈版聖典』一三四二頁）

とあるもので、弥陀念仏を行ずれども、兼ねて弥陀以外の余仏・余菩薩を信じ、念仏以外の余行・余善を雑え修することをいう。

この専修と雑修の中、専修を勝れたりとしている。「この二《ふた》つのなかには、専修《せんじゅ》をすぐれたりとす。そのゆゑは、すでにひとへに極楽《ごくらく》をねがふ、かの土《ど》の教主《きょうしゅ》（阿弥陀仏）を念《ねん》ぜんほか、なにのゆゑか他事《たじ》をまじへん」（『註釈版聖典』一三四三頁）と聖覚法印は説示しているのである。往生の行業においては、阿弥陀仏は衆生をして西方の浄土に生ぜしめるべく、第十八願の称名念仏一行を選び取られたのである。それ以外の余他の諸行はすべて選捨されているのである。法印は「ただちに本願《ほんがん》に順《じゅん》ぜる易行《いぎょう》の念仏《ねんぶつ》をつとめずして、なほ本願《ほんがん》にえらばれし諸行《しょぎょう》をならべんことのよしなき

なり」（『註釈版聖典』一三四三頁）といい、本願の専修の称名念仏以外の諸行を兼修することを否定しているのである。そして善導大師の『往生礼讃』取意の文をあげている。

これにより て善導和尚《ぜんどうかしょう》ののたまはく（礼讃）、「専《せん》を捨《す》てて雑《ぞう》におもむくものは、千《せん》のなかに一《いち》人《にん》も生《うま》れず、もし専修《せんじゅ》のものは、百《ひゃく》に百《ひゃく》ながら生《うま》れ、千《せん》に千《せん》ながら生《うま》る」（意）といへり。

（『註釈版聖典』一三四三頁）

この『礼讃』の文は『選択集』二行章末尾に引用されているものである。法然聖人の選択本願の行としての念仏往生を伝統する法印の立場を見るのである。二行章の末尾において、法然聖人はこの『礼讃』の文を引用して、次の如く本章を結している。

わたくしにいはく、この文《もん》を見《み》るに、いよいよすべからく雑《ぞう》を捨《す》てて専《せん》を修《しゅ》すべし。あに百《ひゃく》即《そく》百《ひゃく》生《しょう》の専修正《せんじゅしょう》行《ぎょう》を捨《す》てて、堅《かた》く千《せん》中《ちゅう》無《む》一の雑修雑《ざっしゅぞう》行《ぎょう》を執《しゅう》せんや。行者《ぎょうじゃ》よくこれを思量《しりょう》せよ。

（『註釈版聖典（七祖篇）』一二〇一頁）

法然聖人・聖覚法印両者の立場の共通なる点が理解できるであろう。法印はこの専修と雑修につき、さらに譬喩をあげて説明している。主君への忠節について、二心あるのと一心とは天地の相違があると比較している。弥陀一仏への専修念仏に徹する聖覚法印の教学的立場を見る。

六

（二）三心。念仏して浄土に往生しようと思わば、信心を具足すべきことを聖覚法印は説示している。

つぎに念仏《ねんぶつ》を申《もう》さんには、三心《さんしん》を具《ぐ》すべし。ただ名号《みょうごう》をとなふることは、たれの人《ひと》か一念《いちねん》・十念《じゅうねん》の功《こう》をそなへざる。しかはあれども、往生《おうじょう》するものはきはめてまれなり。これすなはち三心《さんしん》を具《ぐ》せざるによりてなり。（『註釈版聖典』一三四五頁）

称名念仏しても、三心を具足しない念仏行者は、浄土には往生することはできないといっている。三心とは『観経』の至誠心・深心・廻向発願心のことである。世の中に弥陀の名号をとなえる人は多いが、浄土に往生することはむつかしい。これは三心を具足しないからだと論断している。この聖覚法印の三心と念仏に関する立場は、法然聖人と同一である。『選択集』三心章を見るに、「念仏の行者かならず三心を具足すべし」といい、極楽に生ぜんと欲する者は三心の信心を具足すべきであり、生死の家に止まるのは、本願を疑うからであり、涅槃の城に入るのは本願を信ずることによりてのみ可能である旨が述べられてある。けだし聖覚法印の三心の見方は、法然聖人を伝統するものといえるのである。

聖覚法印の三心論は深心釈が中心である。

二《ふた》つに深心《じんしん》といふは、信心《しんじん》なり。まづ信心《しんじん》の相《そう》をしるべし。信心《しんじん》といふは、ふかく人《ひと》のことばをたのみて疑《うたが》はざるなり。……いま釈迦《しゃか》の所説《しょせつ》を信《しん》じ、弥陀《みだ》の誓願《せいがん》を信《しん》じてふたごころなきこと……。
（『註釈版聖典』一三四七頁）

深心を信心と的示し、弥陀の本願を信じて、二心なきを信心というと釈している。そしてその信心（深心）の内容を善導大師の二種深信により説明している。一つには、わが身は罪悪生死の凡夫であり、出離の縁あることなしと信ずることであり（機の深信）、二つには決定してふかく、本願を疑わず、願力に乗じて、定めて往生を得ると信ずること（法の深信）と説かれている。そしてこの信心に三心をおさめ、浄土の往生は信心ひとつにきわまることを明示されている。「信心決定しぬれば、三心おのづからそなはる」といい、当時、一念・多念の諍論のあった教界の中で、唯信往生に立脚する聖覚法印の教学上の立場を見るのである。

仏力無窮《ぶつりきむぐう》なり、罪障深重《ざいしょうじんじゅう》の身《み》をおもしとせず。仏智無辺《ぶっちむへん》なり、散乱放逸《さんらんほういつ》のものをもすつることなし。信心《しんじん》を要《よう》とす、そのほかをばかへりみざるなり。
（『註釈版聖典』一三四九頁）

罪障深重の者が、無窮仏力により、信心ひとつにより救われていくとする聖覚法印の唯信の教学が説示されているのであり、信心為本の宗祖の教学との間に法脈の展開を見るのである。

『正像末和讃』に、「願力無窮《がんりきむぐう》にましませば　罪業深重《ざいごうじんじゅう》もおもからず　仏智無辺《ぶっちむへん》にましませば　散乱放逸《さんらんほういつ》もすてられず」（『註釈版聖典』六〇六頁）と讃じられているものは、上記の『唯信鈔』の文によったものであり、両者の関係の密なることが知られるであろう。

七

次に後半の異義の批判の一段の内容をうかがうに、この部分は（イ）十念、（ロ）臨終念仏、（ハ）罪業、（ニ）宿善、（ホ）一念の五に分かたれる。

（イ）十念。聖覚法印の時代においては、第十八願の「乃至十念」の十念を法華の一念随喜の理観でもって解釈しようとする異義者が存した。『唯信鈔』に「一念随喜《いちねんずいき》といふは、ふかく非権非実《ひごんひじつ》の理《り》に達《たっ》するなり」（『註釈版聖典』一三五〇頁）と説示されている如く、要は中道実相の理に観達する理観である。異義者は本願の十念を非権非実の理観で解釈しようとするものである。これに対して、聖覚法印は、本願の十念は理観ではなく称名であることを明確に説示している。すなわち、この疑《うたがい》を釈《しゃく》せば、『観無量寿経《かんむりょうじゅきょう》』（意）の下品下生《げぼんげしょう》の人《ひと》の相《そう》を説《と》くにいはく、「五逆《ごぎゃく》・十悪《じゅうあく》をつくり、もろもろの不善《ふぜん》を具《ぐ》せるもの、臨終《りんじゅう》のときにいたりて、はじめて善知識《ぜんぢしき》のすすめによりて、わづかに十返《じっぺん》の名号《みょうごう》をとなへて、すなはち浄土《じょうど》に生《うま》る」といへり。これさらにしづかに観《かん》じ、ふかく念《ねん》ずるにあらず、ただ口《くち》に名号《みょうごう》を称《しょう》するなり。（『註釈版聖典』一一三五〇頁）

といい、『観経』の下品下生の経文により、理観の念ではなく、称名念仏であることを説示しているのである。

八

（ロ）臨終念仏。この異義は、臨終の念仏と平生の念仏との間に価値の高低があるとする主張である。

つぎにまた人《ひと》のいはく、「臨《りん》終《じゅう》の念仏《ねんぶつ》は功徳《くどく》はなはだふかし。十念《じゅうねん》に五逆《ごぎゃく》を滅《めっ》するは臨《りん》終《じゅう》の念仏《ねんぶつ》のちからなり。尋常《じんじょう》の念仏《ねんぶつ》はこのちからありがたし」といへり。（『註釈版聖典』一三五一頁）

とあるものである。この異執に対して、聖覚法印は次の如くいっている。

これを案《あん》ずるに、臨《りん》終《じゅう》の念仏《ねんぶつ》は功徳《くどく》ことにすぐれたり。ただしそのこころを得《う》べし。もし人《ひと》いのちをはらんとするときは、百苦《ひゃっく》身《み》にあつまり、正念《しょうねん》みだれやすし。かのとき仏《ぶつ》を念《ねん》ぜんこと、なにのゆゑかすぐれたる功徳《くどく》あるべきや。（『註釈版聖典』一三五一頁）

一往は臨終念仏の功徳の勝れたることを肯定するが、再往は臨終は百苦が身に集まり、心が乱れるから、臨終の念仏が特に勝れているということはありえないと異義を批判している。しかし一往それを肯定しているのは何故であろうか。聖覚法印の立場は、信心決定して称する念仏に平生、臨終の区別はないとする主張である。いま臨終の念仏が勝れたりといっているのは、「病《やまい》おもく、いのちせまりて、身《み》にあやぶみあるときには、信心《しんじん》おのづからおこりやすきなり」（『註釈版聖典』一三五一頁）とも説示している如く、臨終は特に信心がおこりやすいから、臨終の念仏が勝れているると一往は肯定しているのである。命が一刹那にせまったとき、「善知識《ぜんぢしき》のをしへによりて十念《じゅうねん》の往生《おうじょう》をきくに、深重《じんじゅう》の信心《しんじん》たちまちにおこり、これを疑《うたが》ふこころなきなり」（『註釈版聖典』一三五二頁）ともいっているのであり、臨終の人が善知識の導きに、ひたすら随順し、信心決定するのは理の当然である。聖覚法印が、臨終の念仏が勝れたりと一往肯定しているのは、それは信心が決定しやすいという点からいうのであって、もし平生に信心決定して念仏申すのであれば、臨終の念仏と何ら相違はないというべきである。

もしこのこころならば、最後《さいご》の刹那《せつな》にいたらずとも、信心決定《しんじんけつじょう》しなば、一称一念《いっしょういちねん》の功徳《くどく》、みな臨終《りんじゅう》の念仏《ねんぶつ》にひとしかるべし。（『註釈版聖典』一三五二頁）

信心決定して称する念仏であれば、平生、臨終を問わず、その念仏はひとしく浄土往生の因法となるのであって、功徳の勝劣は存しないというのが、聖覚法印の教示であったといえよう。本願に全托した信心を具足して称する念仏に、平生も臨終も相違は存しないというべきである。

法然聖人の『念仏往生要義抄』を見るに、最後の念仏（臨終念仏）と平生の念仏の勝劣について問答されている。

答ていはく、ただおなじ事也。そのゆへは、平生の念仏、臨終の念仏とて、なんのかはりめかあらん、平生の念仏の、死ぬれば臨終の念仏となり、臨終の念仏の、のぶれば平生の念仏となる也。

（『真宗聖教全書』四巻五九五頁）

平生、臨終の念仏は延促の相違であって、その間に価値の勝劣はないとする立場である。宗祖親鸞聖人のご教示は平生業成であって、平生に仏願の生起本末を聞信する信一念に往生成仏の因が円満するのであり、平生、臨終の詮索は問題外というべきである。法然聖人・聖覚法印・宗祖の三者の教学的立場の伝統を見るのである。

九

（八）罪業。異義者の主張を次の如く聖覚法印は説示している。

たとひ弥陀《みだ》の願力《がんりき》をたのみて極楽《ごくらく》に往生《おうじょう》せんとおもへども、先世《せんぜ》の罪業《ざいごう》しりがたし。いかでかたやすく生《うま》るべきや。（『註釈版聖典』一三五二頁）

弥陀の願力を疑い、前世の罪業深重のため浄土に往生できないと主張する異解である。これに対し聖覚法印は、念仏は無漏の功徳であり、仏の本願の導くところである。念仏の功徳はすべての三界の一切の善根にもまさっている。悪業は浄土往生のさわりとならぬといい、念仏の価値の絶対性を説示している。

（二）宿善。『観経』下々品の念仏についての問答である。異義者の主張は次の通りである。

つぎにまた人《ひと》のいはく、「五逆《ごぎゃく》の罪人《ざいにん》、十念《じゅうねん》によりて往生《おうじょう》すといふは、宿善《しゅくぜん》によるなり。われら宿善《しゅくぜん》をそなへたらんことかたし。いかでか往生《おうじょう》することを得《え》んや」と。（『註釈版聖典』一三五三頁）

その意味するところは、五逆の罪人が、わずか十念（十返の称名）の念仏によりて救われるのは、宿善（過去に積んだ善根）による。われらには宿善がないから、念仏により往生することはむつかしいではないかという異義である。

これに対し聖覚法印は、「逆者《ぎゃくしゃ》（五逆罪の者）の十念《じゅうねん》すら宿善《しゅくぜん》によるなり、いはんや尽形《じんぎょう》（一生涯）の称念《しょうねん》むしろ宿善《しゅくぜん》によらざらんや」（『註釈版聖典』一三五四頁）と批判している。五逆の重罪をおかした者が、臨終の十念念仏（十声の称名）により往生するのでさえも宿善による。まして一生涯を尽くして称名する念仏者に、宿善の有無、浅深を論ずる必要はない。過去の獲信のための善き因縁により、念仏申し、浄土に往生させていただくのである。聖覚法印は宿善の浅深、有無についての異執に対し「小智（自分本位の浅い分別心）は菩提のさまたげ」と誡めているのである。

十

（ホ）一念。上来、十念について論じられてきたが、最後に一念多念の問題について異義を批判されている。まず一念の異義をあげられている。

往生《おうじょう》浄土《じょうど》のみちは、信心《しんじん》をさきとす。信心決定《しんじんけつじょう》しぬるには、あながちに称念《しょうねん》を要《よう》とせず。『経《きょう》』（大経・下）にすでに〈乃至一念《ないしいちねん》〉と説《と》けり。このゆゑに一念《いちねん》にてたれりとす。遍数《へんじゅ》をかさねんとするは、かへりて仏《ぶつ》の願《がん》を信《しん》ぜざるなり。念仏《ねんぶつ》を信《しん》ぜざる人《ひと》とておほきにあざけりふかくそしる。

（『註釈版聖典』一三五四頁）

本願成就文により、一声の称名で往生が決定すると信ずる信心が肝要であり、多念の称名を重ねるのは仏の本願に順じないものであるという主張である。多念の称名をあざける異義である。これに対して、一声の称名により浄土往生が定まると信心決定し、その上さらに念仏相続すべきことを聖覚法印は説示されている。善導和尚も「ちからの尽《つ》きざるほどはつねに称念《しょうねん》す」（『註釈版聖典』一三五五頁）といわれているといい、次の如く結示されている。

一念《いちねん》といへるは、すでに『経《きょう》』（大経・下）の文《もん》なり。これを信《しん》ぜずは、仏語《ぶつご》を信《しん》ぜざるなり。このゆゑに、一念決定《いちねんけつじょう》しぬと信《しん》じて、しかも一生《いっしょう》おこたりなく申《もう》すべきなり。これ正義《しょうぎ》とすべし。（『註釈版聖典』一三五五頁）

文中の「『経』の文」とは第十八願成就文である。その本願に順じ、一声の念仏で浄土往生は決定すると信じ、その上の称名は生涯おこたりなく申すべきであるといい、一念多念の偏執を否定されているのである。

法然聖人は『選択集』本願章において、善導大師の教えに順じて、本願の乃至十念の念仏を「上《かみ》一形《いちぎょう》（一生涯）を取《と》り、下一念《しもいちねん》を取《と》る」（『註釈版聖典（七祖篇）』一二一四頁）と説示されている。本願の念仏は一念一無上、千念千無上の念仏であり、ひと声の称名であろうが、千声の称名であろうが、無上の功徳がめぐまれてある念仏である（『選択集』利益章）。一念多念の念数を超えた他力の念仏である。聖覚法印の一念多念論は、この法然聖人の教学を伝統するものといえよう。

以上『唯信鈔』の内容について概観した。聖覚法印は法然聖人の教学を承けて、本鈔を撰述されているというべく、法然聖人から親鸞聖人への教学の展開において、重要な位置を占める存在ということができるのである。

本　講

第一章　『唯信鈔文意』の書誌

(一)　真蹟・古写本等

本書の自筆真蹟本は、高田派専修寺に二本が蔵されている。その一本には「康元二歳正月廿七日愚禿親鸞八十五歳書写之」の奥書がある。全五十八葉の中、表紙は二葉あり、第一葉の左下に「釈覚然」とある。これは本文と別筆である。第二葉の左下には「釈信証」とある。これは本文と同筆であり、聖人の真蹟である。信証は『門侶交名牒』に出ている。茨城県の結城称名寺の開基であり、宗祖の高弟である真仏の息男である。宗祖は本書をはじめ、信証に授与されたが、後に覚然の所持するところとなったと考えられる。専修寺蔵のもう一本は、「康元二歳丁巳正月十一日」の奥書がある。表紙には「釈顕智」の袖書がある。

古写本では、（イ）盛岡本誓寺本。奥書には「建長二歳庚戌十月十六日　愚禿七十八歳親鸞書之」とある。（ロ）大阪河内光徳寺本。奥書には「建長八歳丙辰三月廿四日　愚禿親鸞八十四歳書写之」とあるもので、室町時代末期の写本である。（ハ）前橋妙安寺本。奥書には「正嘉元歳丁巳八月十九日　愚禿親鸞八十五歳書之」とある。同じ奥書のあるものとして、静岡県教覚寺本、高田専修寺蔵の異本がある。この他、南北朝時代の写本としては、乗専書写の暦応四年の攝津毫摂寺本、康永四年乗専書写の河内願得寺本、能登七尾常福寺本等がある。室町時代末期の写本としては、龍谷大学・大谷大学・京都常楽台等に存する。以上のごとき現存の真蹟本・古写本等の奥書よりするに、本書の述作は帰洛後晩年と考えられる。

（二）『唯信鈔文意』の組織

本書は、聖覚法印の『唯信鈔』に引用されてある経釈の要文を、関東の門侶に平易に解釈されたものであって、『唯信鈔』と対をなす書といいうるであろう。『唯信鈔文意』を見るに、釈文中に「如来《にょらい》の弘誓《ぐぜい》をおこしたまへるやうは、この『唯信鈔』にくはしくあらはれたり」（『註釈版聖典』

七〇四頁）とあり、両書を一対のものとして見られている宗祖の姿勢を見るのである。上にも一言した如く、『唯信鈔』は関東の門侶に対し、正統教説の証権として与えられているのである。しかし『唯信鈔』に引用されてある経釈の要文、すなわち証権の文が、漢文体のままで引用されてあり、全く解釈されていない。この証権の文を、宗祖は『文意』において詳しく解釈して、『唯信鈔』の内容を詮顕するとともに、浄土真宗の唯信の真実義を開顕されているのである。

本書は三段に分けられる。第一段は題号釈、第二段は要文釈であり、十一文の釈文がなされている。

（1）法照禅師の『五会法事讃』の「如来尊号甚分明」等の偈文。
（2）『五会法事讃』所引の慈愍三蔵の「彼仏因中立弘誓」等の偈文。
（3）善導大師『法事讃』の「極楽無為涅槃界」等の讃文。
（4）『観経』の「具三心者必生彼国」の文。
（5）『往生礼讃』の「具此三心必得往生也　若少一心即不得生」の文。
（6）善導大師『観経疏』の『散善義』に「不得外現賢善精進之相内懐虚仮」とある文。
（7）『五会法事讃』慈愍三蔵の偈文「不簡破戒罪根深」の文。
（8）『大経』第十八願「乃至十念若不生者不取正覚」の文。

（9）「非権非実」の文。
（10）『観経』下々品の「汝若不能念応称無量寿仏　具足十念称南無無量寿仏称仏名故於念々中除八十億劫生死之罪」の文。
（11）『往生礼讃』の「若我成仏十方衆生称我名号下至十声若不生者不取正覚」とある本願取意の文。

以上の十一文を解釈して、本願他力をたのみ、自力をはなれた唯信の念仏一道を開顕されている。第三段は総結である。このなかでまず結示の文が記されている。次いで尊号が按ぜられてあり、最後に撰述の意趣が述べられている。この後跋の一節は『一念多念文意』の最後の跋文とほぼ同文である。

ゐなかのひとびとの、文字《もんじ》のこころもしらず、あさましき愚痴《ぐち》きはまりなきゆゑに、やすくこころえさせんとて、おなじことをたびたびとりかへしとりかへし書《か》きつけたり。こころあらんひとはをかしくおもふべし、あざけりをなすべし。しかれども、おほかたのそしりをかへりみず、ひとすぢに愚《おろ》かなるものをこころえやすからんとてしるせるなり。

（『註釈版聖典』七一七頁）

この跋文よりも明らかな如く、『一念多念文意』と『唯信鈔文意』が撰述された意図が共通していることが知られるであろう。関東の門弟達に宗祖は聖覚法印の『唯信鈔』、隆寛律師の『一念多念分別事』等を送り、関東における法門上の諍論、異解を是正しようとされているのである。聖覚法印と隆寛律師は法然聖人の吉水教団の重鎮であり、聖人の念仏往生の教えを素純に継承した人々である。『尊号真像銘文』には、この両者の影像讃文をおさめて解釈されている。宗祖の法友先輩である。しかし聖覚法印・隆寛律師の書には漢文体の経釈の引文があり、仏教の教義について、十分の素養のない人々には、理解が困難であったと思われる。かかる聖教読解の目的で、隆寛律師の『一念多念分別事』を註解されたのが『一念多念文意』であり、『唯信鈔』を註解されたのが『唯信鈔文意』である。このような両書の性格上、後跋の文が同文で記されているものと思考されるのである。

(三)『唯信鈔文意』撰述の意図

一

本書撰述の直接的目的は、上に一言した如く、後跋の文に明らかである。聖覚法印の『唯信鈔』

所引の経釈の文には註釈がなされておらず、難解であったと考えられる。そこで宗祖はこれらの漢文体の文を詳細に解釈して、「文字のこころ」も知らぬ人々に、『唯信鈔』の内容をねんごろに説示したものと考えられる。しかし本書撰述の宗祖の御意図は、短絡的にそれに止まるものでないことは明らかである。

宗祖が帰洛されて後、関東においては門弟間にあって、念仏往生の上に迷執が生じ、また宗祖の息男・慈信房善鸞の異義が、晩年におこっているのである。この異解に対し、宗祖は『唯信鈔』を関東の門侶に、正統教説の証権としてたびたび授与されているのであり、さらにそれと一具の書である『唯信鈔文意』を撰述して関東に送られているのである。すでに序説において指摘しておいた如く、宗祖の「御消息」を見るに、関東の門弟の間においては、一念多念の諍論が生じているのであり、これらの異義の是正に『唯信鈔』を推奨し、「一念《いちねん》ばかりにて往生《おうじょう》すといひて、多念《たねん》をせんは往生《おうじょう》すまじきと申《もう》すことは、ゆめゆめあるまじきことなり。『唯信鈔《ゆいしんしょう》』をよくよく御覧候《ごらんそうろ》ふべし」（『註釈版聖典』八〇五頁）といわれている。

二

また宗祖八十四歳、建長八年五月二十九日付けの息男・慈信房善鸞への義絶の書状を見るに、父・親鸞聖人への善鸞の背信の行動が指摘されている。聖人が「名目をだにもきかず、しらぬこと」を、善鸞は「慈信（善鸞）一人に夜親鸞がをしへたるなり」といい、人々に虚言をいいふらしているのである。かかる善鸞の行動は容認できず、「父子の義はあるべからず候ふ」と、聖人は善鸞をきびしく叱責されているのである。そしてさらに、

往生《おうじょう》極楽《ごくらく》の大事《だいじ》をいひまどはして、常陸《ひたち》・下野《しもつけ》の念仏者《ねんぶつしゃ》をまどはし、親《おや》にそらごとをいひつけたること、こころうきことなり。

第十八《だいじゅうはち》の本願《ほんがん》をば、しぼめるはなにたとへて、人《ひと》ごとにみなすてまゐらせたりときこゆること、まことに謗法《ほうぼう》のとが、また五逆《ごぎゃく》の罪《つみ》を好《この》みて人《ひと》を損《そん》じまどはさるること、かなしきことなり。……親鸞《しんらん》にそらごとを申《もう》しつけたるは、父《ちち》を殺《ころ》すなり、五逆《ごぎゃく》のその一《ひと》つなり。このことどもつたへきくこと、あさましさ申《もう》すかぎりなければ、いまは親《おや》といふことあるべからず、子《こ》とおもふことおもひきりたり。三宝《さんぼう》・神明《しんめい》に申《もう》しきりをはりぬ。かなしきことなり。

（『註釈版聖典』七五五頁）

わが子善鸞に対する悲痛な父聖人の思いがしたためられているといえよう。善鸞の背信は、聖人が全生命をかけて求められた、浄土真宗の教学の根源である第十八願をしぼめる花にたとえて、人々に廃捨させたことである。真宗の唯信の大道のよって立つ、第十八願を否定する言動を、善鸞はとっているのである。そのために多くの念仏者達が迷っているのである。ここにわが子を義絶せねばならなかった根本の原因があったといえよう。鎌倉幕府への訴訟沙汰にまでなり、多くの正信の念仏者が迷っていたのである。この関東の念仏者達を正しい第十八願の唯信の大道に導くべく送られた書が、聖覚法印の『唯信鈔』であり、聖人の『唯信鈔文意』であったといえよう。ここに聖人の無限の願いが託されているのである。

三

さらにわが子慈信房善鸞を義絶したことを善鸞事件の中心人物である性信房に知らされた、義絶の書状と同日付の五月二十九日の性信宛の消息を見るに、以下の如く記されている。

慈信房の主張は「つやつや（少しも）親鸞が身には、ききもせず、ならはぬことにて候ふ。かへすがへすあさましう、こころうく候ふ」といい、慈信房にしたがって人々が弥陀の本願を捨てられたことは、「こころうく、うたてきことに候ふ（なさけないこと）」と断じている。そして次の如くいわれている。

おほかたは、『唯信抄《ゆいしんしょう》』・『自力他力《じりきたりき》の文《ふみ》』・『後世《ごせ》物語《ものがたり》の聞書《ききがき》』・『一念多念《いちねんたねん》の証文《しょうもん》』・『唯信鈔《ゆいしんしょう》の文意《もんい》』・『一念多念《いちねんたねん》の文意《もんい》』、これらを御覧《ごらん》じながら、慈信《じしん》が法文《ほうもん》（異義の主張）によりて、おほくの念仏者達《ねんぶつしゃたち》の、弥陀《みだ》の本願《ほんがん》をすてまゐらせあうて候《そうろ》ふらんこと、申《もう》すばかりなく候《そうら》へば……。

（『註釈版聖典』七五二頁）

浄土真宗の正統教説の理解のため、聖人は隆寛律師の『一念多念分別事』・『自力他力事』・『後世物語聞書』や、聖覚法印の『唯信鈔』、さらにそれらの書に対する註釈書である『一念多念文意』（『一念多念分別事』の註釈書）・『唯信鈔文意』を述作して、関東に送られているのである。上記「消息」にあげられている『一念多念の証文』とは隆寛律師の『一念多念分別事』のことであり、この『一念多念の証文』と『一念多念文意』、『唯信鈔』と『唯信鈔文意』とが並列してあげられているのである。これらの書はそれぞれ一具のものとして見られるべきであり、一具のものとして見るところ、十二分の法義理解がつくされるといえるであろう。当時の一念多念の諍論、慈信房善鸞の異義等に対し、唯信の正統教説を顕正するものとして、門弟間において敬重されていた書といいうるのである。

宗祖は『唯信鈔文意』を撰述することにより、晩年における関東教団の異義を是正するとともに、法然聖人—聖覚法印—親鸞と受けつがれた法脈の伝統の正当性を明らかにされているのである。そしてさらに一歩を進めて、唯信の本願他力の大道を顕彰しようとされたところに、本書撰述の意図を見るのである。

第二章　唯信の開題

(一)　題号釈

【本　文】

「唯信抄《ゆいしんしょう》」といふは、「唯《ゆい》」はただこのことひとつといふ、ふたつならぶことをきらふことばなり。また「唯《ゆい》」はひとりといふこころなり。「信《しん》」はうたがひなきこころなり、すなはちこれ真実《しんじつ》の信心《しんじん》なり、虚仮《こけ》はなれたるこころなり。虚《こ》はむなしといふ、仮《け》はかりなるといふことなり。虚《こ》は実《じつ》ならぬをいふ、仮《け》は真《しん》ならぬをいふなり。本願他力《ほんがんたりき》をたのみて自力《じりき》をはなれたる、これを「唯信《ゆいしん》」といふ。「鈔《しょう》」はすぐれたることをぬきいだしあつむることばなり。このゆゑに「唯信鈔《ゆいしんしょう》」といふなり。

（『註釈版聖典』六九九頁）

【現代語訳】

「唯信鈔」というのは、「唯」はただこのこと一つということであり、二つが並ぶことを嫌う言葉である。また、「唯」はひとりという意味である。「信」は疑いのない心である。すなわちこれは真実の信心であり、虚仮を離れている心である。「虚」は「むなしい」ということであり、「仮」は「かりの」ということである。「虚」は実でないことをいい、「仮」は真でないことをいうのである。本願他力におまかせして自力を離れていること、これを「唯信」という。「鈔」はすぐれていることを抜き出して集めるという言葉である。このようなわけで「唯信鈔」というのである。

【講　読】

一

『唯信鈔文意』は、聖覚法印の撰述になる『唯信鈔』の題号と引証された経釈の要文について註釈された書であることは、すでに述べたところである。いまここにかかげた文は、所釈の『唯信鈔』

の題号について解釈された一段である。『唯信鈔』は、法然聖人の『選択集』の「往生之業念仏為本」の念仏往生を伝統するものであり、事実、論旨の展開は、『選択集』の二門章・二行章・本願章・三心章を受けていることはすでに詳説したところである。

この法然聖人の念仏往生の教学を聖覚法印は受けついでいるが、この場合、いたずらに念仏をとなえるのみであれば、浄土への往生は不可能であるというのが、聖覚法印の基本姿勢である。『唯信鈔』において、三心を論ずる条下で、「世《よ》のなかに弥陀《みだ》の名号《みょうごう》をとなふる人《ひと》おほけれども、往生《おうじょう》する人《ひと》のかたきは、この三心《さんしん》を具《ぐ》せざるゆゑなりとこころうべし」(『註釈版聖典』一三四六頁)とも説示している如く、三心すなわち信心具足の念仏にしてはじめて浄土への往生は可能になるというのが、聖覚法印の根本主張というべきである。信心に立脚した念仏往生を展開しているのが、『唯信鈔』一部の所明である。

いま宗祖は、このような聖覚法印の教説を受容し、まず『唯信鈔』一部の所明は、唯信の義をあらわすにあることを詮顕すべく、題号の釈義を展開されているというべきである。

二

題号の釈義は、「唯」と「信」と「鈔」の三字の分釈がこころみられ、もって『唯信鈔』一巻の根本主張が釈顕されているというべきである。

まず「唯」の字を釈するに、二つの字訓が示されている。（1）「〈唯〉はただこのことひとつといふ、ふたつならぶことをきらふことばなり」とあるものであり、（2）「また〈唯〉はひとりといふこころなり」とあるものである。「唯」に「ひとつ」と「ひとり」の二つの解釈をあげられている。『康熙字典《こうきじてん》』に『集韻《しゅういん》』を引用して「唯専辞」と訓じ、『玉篇《ぎょくへん》』を引用して「唯独也」と訓じている。これによれば、「ひとつ」とは「専」という意である。『唯信鈔文意』に「専復専」とある文を釈して「専《せん》は一《いち》といふことばなり」（『註釈版聖典』七一一頁）と説示されている。かかる解釈によれば、「唯」の字は宗祖の解釈の如く「ただこのことひとつ」の意になる。この場合の「このこと」とは「唯信」の信をさすものといえよう。二心なき信心の純粋性を示すものである。

かかる視点より宗祖は、さらに「ひとつ」の訓を解釈して「ふたつならぶことをきらふことばなり」と説示されている。物の二つならぶことをきらい選ぶ意で、信心はあれもこれもではなく、弥陀の誓願の真実を信ずる無二の信心である義を詮顕するものといえよう。かくて「〈唯〉はただこのことひとつといふ、ふたつならぶことをきらふことばなり」とは、余行余善、余仏余菩薩に心をかけず、二心なく、ただ弥陀一仏に帰する信心の純粋性を説示された祖意といえよう。

次に、「ひとり」という訓の意であるが、「唯」を「ひとつ」と解する前者の意は二つないことで、二心なく疑いなき信心をあらわす。後者の「ひとり」と解する意は、外にともなうもののないことを意味するといえよう。めぐまれた信心は、如来大悲の結晶であり、何ら他の助けのいらぬ、ひとり立ちの信心である旨を詮顕するものといえよう。浄土への正因となる唯信独達の信心の独立性、絶対性をあらわすものと領解されるのである。

三

次に「信」の字訓をあげて「〈信〉はうたがひなきこころなり」と説示されている。いいかえれば疑わず信ずるという義である。「信巻」の三心釈を見るに、往生の正因である第十八願の三心の解釈において、「疑蓋無雑」の句でもって解されているのと同意である。如来の大悲を仰ぎ、信ずる私どもの信心は、疑いの自力心（疑蓋）は全くまじってはいない、純一無雑の信であることを説示されたものといえよう。『一念多念証文』を見るに、本願の名号のいわれを聞き、信心歓喜する第十八願成就文の「信心」の言葉を解釈して、「信心《しんじん》は、如来《にょらい》の御《おん》ちかひをききて疑《うたが》ふこころのなきなり」（『註釈版聖典』六七八頁）といわれているのと同一の思し召しといえよう。

ついで「すなはちこれ真実の信心なり」とあるものは、信心の本質を説示されたものである。「真実の信心」という言葉は、善導大師の『往生礼讃』に、『観経』の深心を釈して「二には深心《じんしん》。すなはちこれ真実《しんじつ》の信心《しんじん》なり」（『註釈版聖典（七祖篇）』六五四頁）とあるものを受けての造語といえよう。宗祖が信心の徳、本質を示すのに「真実の信心」といわれるのは、真実の仏心がめぐまれて、私どもの信心となって現成していることを示されているものとうかがうのである。衆生の信心とは、他力回向の仏の真実心の他はないのである。「信巻」三一問答の至心釈を見るに、宗祖は次の如く説示されている。

しかれば大聖《だいしょう》（釈尊）の真言《しんごん》、宗師《しゅうし》（善導）の釈義《しゃくぎ》、まことに知《し》んぬ、この心《しん》すなはちこれ不《ふ》可思議《かしぎ》不《ふ》可称《かしょう》不《ふ》可説《かせつ》一乗《いちじょう》大智《だいち》願海《がんかい》、回向利益他《えこうりやくた》の真実心《しんじつしん》なり。これを至心《ししん》と名《な》づく。

（『註釈版聖典』二三四頁）

「至心」は、思議することも、称讃することも、説示することもできぬ一乗大智の誓願によりて、仏辺において満足成就したもうた真実心である。この仏の真実心がめぐまれて、衆生の至心（信心）と展開するのである。このことを「回向利益他の真実心」といわれている。仏よりふりむけ、与えられた真実心という意味である。唯今の「真実の信心」とは、そのものがらは仏よりめぐまれた他力の真実心であるといえよう。仏の真実心が衆生にめぐまれ、信心となって展開しているのである。

覚如上人の『最要鈔』を見るに、本願成就文に「信心歓喜乃至一念」とある「信心」を解釈して、

この信心をば、まことのこころとよむうへは、凡夫の迷心にあらず、またく仏心なり。この仏心を凡夫にさづけたまふとき信心といはるるなり。（『真宗聖教全書』三巻五〇頁）

といわれている。この覚如上人の解釈は、宗祖の上述のごとき、他力回向の仏の真実心が衆生にめぐまれて、衆生の信心となって展開するという思し召しを相承されたものといえよう。このことは、さらに蓮如上人の上にも明らかである。

信心《しんじん》といへる二字《にじ》をば、まことのこころとよめるなり。まことのこころといふは、行者《ぎょうじゃ》のわろき自力《じりき》のこころにてはたすからず、如来《にょらい》の他力《たりき》のよきこころにてたすかるがゆゑに、まことのこころとは申《もう》すなり。（『註釈版聖典』一一〇六頁）

如来の「他力のよきこころ」が、めぐまれてあるのが衆生の信心である。かかる点より、信心の二字を「まことのこころ」と読むのだという蓮如上人の解釈である。私どもの信心は全く如来よりたまわった真実心以外にはないという教示である。「真実の信心」とは、凡夫の自力心によってつくりあげられた信心ではなく、衆生にめぐまれた如来の真実心であることを説示する言葉であると

いえよう。

さらにこの「真実の信心」を逆の面より釈して、「虚仮はなれたるこころなり」と説示されている。虚仮は真実の逆の意味であることを示して、これより真実の意味を逆顕しようとする宗祖の思し召しを見るのである。真実の信心は、虚仮をはなれたるこころのことであるという教示である。そして「虚仮」を釈して、「虚はむなしといふ、仮はかりなるといふことなり、虚は実ならぬをいふ、仮は真ならぬをいふなり」と説示されている。如来よりたまわった信心は、虚仮をはなれた真実の信心であることを釈顕されたものといえよう。

四

そしてこの如来の真実を受容した真実信心の相（すがた）を次下に、

本願他力をたのみて自力をはなれたる、これを「唯信」といふ。

と述べられている。

この文中の「本願他力をたのみて」の意味であるが、宗祖の上で「たのむ」の用例を見るに、「信巻」末に「大悲《だいひ》の弘誓《ぐぜい》を憑《たの》み、利他《りた》の信海《しんかい》に帰《き》すれば」（『註釈版聖典』二九五頁）等の教示がある。この場合「憑み」とは、信憑するの意であり、相手をたのみ力にする意味である。唯今の場合も、この信憑するの意味で解釈されるべきで、如来の本願他力をあてたよりにし、信順する信相を示す文意と理解されるのである。次に自力とは、「御消息」に、

余《よ》の善根《ぜんごん》を修行《しゅぎょう》してわが身《み》をたのみ、わがはからひのこころをもつて身口意《しんくい》のみだれごころをつくろひ、めでたうしなして浄土《じょうど》へ往生《おうじょう》せんとおもふを自力《じりき》と申《もう》すなり。

（『註釈版聖典』七四六頁）

と説示されている。凡夫の虚仮不実の雑行雑修のはからいをいうのである。めぐまれる他力回施の仏心を領納し、本願他力の仏の御はからいに全托し、信順し、凡夫の雑行雑修の自力のはからいをはなれるのを「唯信」というのであると、宗祖は釈されているのである。

ついで「鈔」を解釈して、

「鈔」はすぐれたることをぬきいだしあつむることばなり。

と説示されている。物のいろいろある中より肝要なものを抜き出して集めることを「鈔」というのである。これは『唯信鈔』の総結の文に「念仏《ねんぶつ》の要義《ようぎ》おほしといへども、略《りゃく》してのぶることかくのごとし」（『同』一三五五～一三五六頁）とあるものと相応ずるもので、念仏の要義多き中より、すぐれたものを抜き出し述べるという意であり、宗祖はこの『唯信鈔』の結文の意を受けて、「鈔」

の字を釈されたものとうかがうのである。
最後に「唯」「信」「鈔」の三字を合釈して、「このゆゑに『唯信鈔』といふなり」と結ばれている。本書において、唯信の本義を釈顕しようとする宗祖の思し召しが、題号釈に吐露されているのである。

(二) 信心為本の伝統

【本　文】

また「唯信《ゆいしん》」は、これこの他力《たりき》の信心《しんじん》のほかに余《よ》のことならはずとなり。すなはち本弘誓願《ほんぐぜいがん》なるがゆゑなればなり。

（『註釈版聖典』六九九頁）

【現代語訳】

また「唯信」というのは、この他力の信心のほかに別のことは習わないということである。すなわちこの信心は、阿弥陀仏が広くすべてのものを救おうと誓われた本願そのものだからである。

【講　読】

前述の如く、上来は「唯信鈔」の三字の題号について、宗祖はそれぞれ詳釈されていた。いまはこれを「唯信」の二字で受けて、聖覚法印の『唯信鈔』を一貫する根本教説は信心にある旨を釈顕せんとする思し召しとうかがうのである。「唯信」と聖覚法印がいわれたのは、信心ひとつが真実浄土へ往生する正因であるという、信心為本の教説の肝要を示すものである。まさにそれは法然聖人・聖覚法印・親鸞聖人に伝統される教えであることを、唯今、所釈の一段において、宗祖は明らかにされているのである。

このことを示すものが、「また〈唯信〉はこれこの他力の信心のほかに余のことならはずとなり」とある『唯信鈔文意』の宗祖のご解釈の御文である。この文中の「余のことならはず」を、一説には「余のことならばず」と読む説もある。この説に順じて解せば、往生の正因はただ他力の信心のみで、その外に余のことのならぶものはない。信心ひとつに局るという意になる。しかし唯今は「ならはず」(習はず)と読むべきで、学ばないという意味に解すべきである。すなわち「唯信」と聖覚法印がいわれている意趣は、他力信心の外に他の法門のことは、全く法然聖人より学んでいない。信心ひとつが浄土往生の正因である旨を、聖人より的伝したという意に解すべきであると考える。信心為本の伝統を、宗祖は題号釈を結ぶにあたり、説示されたものといえよう。

そしてこの信心が浄土往生の正因となる理由を示して、「すなはち本弘誓願なるがゆゑなればなり」といわれているのである。阿弥陀仏の本願他力に生かされ、お浄土への信心の一道を私どもは歩まさせていただいているのである。この唯信の一道こそが、聖覚法印も、そしてまた私自身（親鸞聖人）も、法然聖人より習い相伝した法門である旨を釈顕されているのである。

第三章　名号摂化

（一）『五会法事讃』の偈頌

【本　文】

「如《にょ》来《らい》尊《そん》号《ごう》甚《じん》分《ぶん》明《みょう》　十《じっ》方《ぽう》世《せ》界《かい》普《ふ》流《る》行《ぎょう》
但《たん》有《う》称《しょう》名《みょう》皆《かい》得《とく》往《おう》　観《かん》音《のん》勢《せい》至《し》自《じ》来《らい》迎《こう》」

（『註釈版聖典』六九九頁）

【現代語訳】

『五会法事讃』に、「如来尊号甚分明　十方世界普流行　但有称名皆得往　観音勢至自来迎（如来の尊号は、はなはだ分明なり。十方世界にあまねく流行せしむ。ただ名を称するのみありて、みな往くことを得。観音・勢至おのづから来り迎へたまふ）」といわれている。

【講　読】

この四句は法照禅師の『五会法事讃』の偈頌である。すでに解説しておいた如く、聖覚法印は第十七願に注目されているのであり、第十七願・第十八願の上に衆生救済の具体性を開顕されている。『唯信鈔』において、聖覚法印は「まづ第十七《だいじゅうしち》に諸仏《しょぶつ》にわが名字《みょうじ》を称揚《しょうよう》せられんといふ願《がん》をおこしたまへり……名号《みょうごう》をもつてあまねく衆生《しゅじょう》をみちびかんとおぼしめすゆゑに、かつがつ名号《みょうごう》をほめられんと誓《ちか》ひたまへるなり」（『註釈版聖典』一三四〇～一三四一頁）といい、この次下にその証権の文として上記の『五会法事讃』の偈頌が引用されているのである。聖覚法印は名号でもって衆生を摂化せんために、第十七願における、諸仏による名号の称揚讃嘆の所誓がある旨を説示されているのである。そして第十七願による名号摂化の証文として、法照禅師の偈頌の引用が存するのである。

この偈頌は「行巻」に引用されている。

如来《にょらい》の尊号《そんごう》は、はなはだ分明《ぶんみょう》なり。十方世界《じっぽうせかい》にあまねく流行《るぎょう》せしむ。ただ名《みな》を称《しょう》するのみありて、みな往《ゆ》くことを得《う》。観音《かんのん》・勢至《せいし》おのづから来《きた》り迎《むか》へたまふ。（『註釈版聖典』一七一頁）

この『五会法事讃』の偈頌は、「行巻」の六字釈の次下に引用されてあるものであり、第十七願所誓の名号の流行と勝益を讃嘆される視点よりのご引用とうかがうのである。

（二）如来の尊号　―第一句―

【本文】

「如来尊号甚分明《にょらいそんごうじんぶんみょう》」、このこころは、「如来《にょらい》」と申《もう》すは無碍光如来《むげこうにょらい》なり。「尊号《そんごう》」と申《もう》すは南無《なも》阿弥陀仏《あみだぶつ》なり。「尊《そん》」はたふとくすぐれたりとなり、「号《ごう》」は仏《ぶつ》に成《な》りたまうてのちの御《み》なを申《もう》す、名《みょう》はいまだ仏《ほとけ》に成《な》りたまはぬときの御《み》なを申《もう》すなり。この如来《にょらい》の尊号《そんごう》は、不可称不可説不《ふかしょうふかせつふ》可思議《かしぎ》にましまして、一切衆生《いっさいしゅじょう》をして無上大般涅槃《むじょうだいはつねはん》にいたらしめたまふ大慈大悲《だいじだいひ》のちかひの御《み》ななり。この仏《ぶつ》の御《み》なは、よろづの如来《にょらい》の名号《みょうごう》にすぐれたまへり。これすなはち誓願《せいがん》なるがゆゑなり。「甚分明《じんぶんみょう》」といふは、「甚《じん》」ははなはだといふ、すぐれたりといふこころなり。「分《ぶん》」はわかつといふ、よろづの衆生《しゅじょう》ごとにとわかつこころなり。「明《みょう》」はあきらかなりといふ。十方一切衆生《じっぽういっさいしゅじょう》をことごとくたすけみちびきたまふこと、あきらかにわかちすぐれたまへりとなり。

（『註釈版聖典』六九九～七〇〇頁）

【現代語訳】

「如来尊号甚分明」について、この文の意味は、「如来」というのは無礙光如来である。「尊号」というのは南無阿弥陀仏である。「尊」は尊くすぐれているということである。「号」は仏になられてから後のお名前をいい、「名」はまだ仏になっておられないときのお名前をいうのである。この如来の尊号は、たたえ尽すことも、説き尽すことも、思いはかることもできないのであって、すべてのものをこの上なくすぐれたさとりに至らせてくださる、大いなる慈悲のお心があらわれた誓願の名号なのである。この仏の名号は、あらゆる如来の名号よりもすぐれている。なぜなら、この名号は、誓願そのものだからである。「甚分明」というのは、「甚」は「はなはだ」ということであり、すぐれているという意味である。「分」は「わける」ということであり、あらゆる凡夫を一人一人見分けて救うという意味である。「明」は「あきらかである」ということである。すべてのものをことごとく助けてお導きになることが、明らかであり、一人一人を見分けて救うのであり、それがすぐれているというのである。

【講　読】

一

　まず「如来尊号」を宗祖は解釈され、「如来」は諸仏の通号であるから、唯今は無碍光如来のことであることを明確化されているのである。そして「尊号」は、この如来の名である南無阿弥陀仏の名号であることを説示されている。この場合、如来という仏体を何故、無碍光如来といわれているのであろうか。『浄土論』に所帰の仏体をあげて「世尊我一心帰命尽十方無碍光如来」といわれている。そして『浄土論』の讃嘆門においては、「称彼如来名」とある。この「如来名」とは、唯今の『五会法事讃』に「如来尊号」とある文と同一の趣意である。そこでさらに曇鸞大師の『往生論註』を見るに、『浄土論』の「如来名」を釈して「称無碍光如来名」と説示されている。いま、宗祖はかかる曇鸞大師の解釈にのっとり、「如来」を無碍光如来と説示されたものとうかがうのである。

　次に「尊号」を南無阿弥陀仏と説示されてある。この名号は第十七願において、衆生済度の法として誓われてある、諸仏により称揚讃嘆される御仏の名である。宗祖は「尊」に「たふとく」と

「すぐれたり」の二訓をあげ、名号の徳を讃仰されている。「号」を釈するにあたっては、名号の二字の分別の上より意味を明らかにされている。すなわち「号」は仏になりたまうて後の御名をいい、「名」は仏になりたまわぬときの御名を申すと説明されている。『正像末和讃』の最後の自然法爾章に、

「名《みょう》」の字《じ》は、因位《いんに》のときのなを名《みょう》といふ。「号《ごう》」の字《じ》は、果位《かい》のときのなを号《ごう》といふ。

（『註釈版聖典』六二一頁）

とあるものと同じである。このような宗祖の解釈は、中国の賢首大師の『華厳経探玄記』に名号について三釈があげられているが、その第二釈と一致する。すなわち「体を召して名となし、徳を標して号となす」と釈されている。「名」は呼召の義、物自体を呼びあらわす名称である。これに対して、物自体にそなえた徳を標しあらわす場合に「号」というのである。

すなわち因位の法蔵菩薩のとき、五劫の思惟をなされ、衆生済度の法として「やすくたもち、となへやすき」南無阿弥陀仏の六字の御名を案じいだして、第十七願に「称我名者」、第三十五願に「聞我名字」と誓われてある。法蔵菩薩の発願修行の因位のときは「名」の字がもちいられ、「号」とはいわれていない。法蔵因位のときは、まだ無量の徳が成就されないから「号」といわないのである。これが本願が成就して、正覚のさとりを満足され、阿弥陀仏となられた果位においては、無

量の功徳が円満された衆生済度の南無阿弥陀仏の法の成就があるのである。この万徳円備の南無阿弥陀仏の法を「号」というのである。

宗祖は『本典』「総序」において「円融至徳の嘉号」と讃じられているのである。『大経』の上において、弥陀果上の相をたたえられて十二光仏の名を列ねたもう一段において、「このゆゑに無量《むりょう》寿仏をば、無量光仏《むりょうこうぶつ》……超日月光仏《ちょうにちがっこうぶつ》と号《ごう》す」(『註釈版聖典』二九頁)といい、号の字がもちいられている。『浄土和讃』の冒頭に『讃阿弥陀仏偈』を引いて十二光を列ねたもう一段において、「号無量光……号無辺光」等と説示され、「号」の字をもちいて「なづく」と訓じられている。しかし、因位の場合は「名」、果位の場合は「号」という分別には、例外もあることを付言しておく。

以上の如く、「名」と「号」を因位と果位に分けて解釈される宗祖の思し召しであるが、「如来尊号」とある無碍光如来の尊号には、弥陀果上の功徳がかけめなく具足されていることを、詮顕せんとするところにあるとうかがうのである。

二

そして次下にこの尊号の徳をたたえて、「この如来の尊号は、不可称不可説不可思議にましまして、一切衆生をして無上大般涅槃にいたらしめたまふ大慈大悲のちかひの御ななり」と説示されている。「不可称不可説不可思議」とは、『御文章』に「かずかぎりもなき大功徳《だいくどく》のことなり」（『註釈版聖典』一一九三頁）と蓮如上人も説明されている如く、名号には無限の功徳が満足されていることを讃仰されたものといえよう。そしてこの名号は一切の衆生をして無上涅槃にいたらしめる法であり、第十七願において誓われ、成就された大慈大悲の結晶というべきである。

よって以上のごとき阿弥陀如来の名号は、他の一切の諸仏の名号に超え勝れた価値、功徳を円具した法であることを「よろづの如来の名号にすぐれたまへり」と讃ぜられているのである。何故ならば「これすなはち誓願なるがゆゑなり」といわれている。上に一言した如く、第十七願では、衆生済度の法として名号を成就し、諸仏により名号が讃嘆され、名号でもって衆生を済度することが誓われている。このような大慈大悲の願により成就されたのが、阿弥陀如来の万徳円備の名号である。諸仏の名号に超越した絶対の嘉号というべきである。

三

最後に「甚分明」の三字の意味であるが、はじめに三字を各別に分釈し、次いで合釈されている。

「甚」は「はなはだ」と訓じ、その意味は「すぐれたり」ということである。「分」は「わかつ」と訓じ、意味するところは「よろづの衆生ごとにわかつこころ」であると説明されている。すなわち一切衆生の一々の機類を微細に識別して、一々の衆生の機品のまま、善人は善人のまま、悪人は悪人のまま、平等に残らずたすけたもう如来大悲の救いの具体相を説示したもう御釈である。次に「明」を「あきらかなり」と訓じられている。その意味するところは、衆生の機類を識別し、善人も悪人もすべてもれることなく救いたもうことの間違いなく、明白なことをあらわす御釈とうかがう。

そして「甚分明」の三字を合釈して「十方一切衆生をことごとくたすけみちびきたまふこと、あきらかにわかちすぐれたまへり」と結されている。阿弥陀如来は第十七願成就の名号をもって、一切の衆生を摂化したもうのである。その摂化のはたらきは明らかであり、一人ひとりの機類に適切にはたらきかけ済度したもうのである。名号による摂化活動の超勝性を讃嘆された釈文とうかがうのである。

(三) 名号の流行　―第二句―

【本　文】

「十方世界普流行《じっぽうせかいふるぎょう》」といふは、「普《ふ》」はあまねく、ひろく、きはなしといふ。「流行《るぎょう》」は十方《じっぽう》微塵世界《みじんせかい》にあまねくひろまりて、すすめ行《ぎょう》ぜしめたまふなり。しかれば大小《だいしょう》の聖人《しょうにん》・善悪《ぜんあく》の凡夫《ぼんぶ》、みなともに自力《じりき》の智慧《ちえ》をもつては大涅槃《だいねはん》にいたることなければ、無碍光仏《むげこうぶつ》の御《おん》かたちは、智慧《ちえ》のひかりにてましますゆゑに、この仏《ぶつ》の智願海《ちがんかい》にすすめ入《い》れたまふなり。一切諸仏《いっさいしょぶつ》の智慧《ちえ》をあつめたまへる御《おん》かたちなり。光明《こうみょう》は智慧《ちえ》なりとしるべしとなり。(『註釈版聖典』七〇〇頁)

【現代語訳】

「十方世界普流行」というのは、「普」はあまねく、ひろく、果てしないということである。「流行」とは、数限りないすべての世界のすみずみにまで広く行きわたり、南無阿弥陀仏の名号を勧め、念仏させてくださるのである。そのようなわけで、大乗・小乗の聖人も、善人・悪人すべての凡夫も、みな自力の智慧では大いなるさとりに至ることがなく、無礙光仏のおすがたは智慧の光でいらっしゃるから、この仏の智慧からおこった本願の海に入ることをお勧めになるのである。無礙光仏はすべての仏がたの智慧を集めたおすがたなのである。その光明は智慧であると心得なさいというのである。

【講　読】

一

『五会法事讃』の第二句の解釈である。十方世界への名号の流行を説明される一段である。まず「普流行」を解釈して、「普」の字を釈するに三訓があげられている。「あまねく」とは、あらゆるところまで行きわたることである。「ひろく」とは、十方一切の世界にひろく行きわたる意味である。「きはなし」とは、辺際がないという意味である。

この「普」の三訓は、「流行」の完全性を説明されているのである。すなわち「流行」とは、弥陀如来の名号が十方世界に流れ伝わり、行ぜられるという意である。このことを宗祖は「十方微塵世界にあまねくひろまりて、すすめ行ぜしめたまふなり」と釈されている。弥陀如来は正覚の果徳の結晶である名号により一切衆生を済度したもうのであるが、名号の流行による衆生摂化が誓われであるのが第十七願である。願文には「たとひわれ仏《ぶつ》を得《え》たらんに、十方《じっぽう》世界《せかい》の無量《むりょう》の諸仏《しょぶつ》、ことごとく咨嗟《ししゃ》して、わが名《な》を称《しょう》せずは、正覚《しょうがく》を取《と》らじ」（『註釈版聖典』一八頁）と誓われている。そこの意味するところは、阿弥陀如来の本願は名号を十方の衆生に聞信せしめ、済度せんとするところに存するといえよう。この衆生済度の法である名号を十方世界の無量の諸仏方が、ほめたたえ、衆生に聞かしむることがなかったならば正覚を取らぬという願意である。この第十七願のこころを、宗祖は『御消息』において次の如く説示されている。

諸仏称名《しょぶつしょうみょう》の願《がん》（第十七願）と申《もう》し、諸仏咨嗟《しょぶつししゃ》の願《がん》（同）と申《もう》し候《そうろ》ふなるは、十方衆生《じっぽうしゅじょう》をすすめんためときこえたり。また十方衆生《じっぽうしゅじょう》の疑心《ぎしん》をとどめん料《りょう》ときこえて候《そうろ》ふ。

（『註釈版聖典』七七六頁）

十方の諸仏が、名号を讃嘆し、十方衆生に名号を信行することをすすめたもうことが誓われてあるのが第十七願所誓のこころであると、宗祖は釈されているのである。諸仏の名号讃嘆のおすすめにより、名号が十方微塵の世界にあまねくひろまり、すべての衆生が信じ行ぜしめられるのである。この名号の流行の相、いいかえれば、第十七願にもとづく名号摂化の相を、宗祖は「すすめ行ぜしめたまふなり」と説示されているのである。

二

上来は「十方世界普流行」の句を一々別釈された一段であるが、「しかれば大小の聖人」以下は名号流行の相を総じて解釈し、讃仰される一段とうかがう。

まず「しかれば大小の聖人・善悪の凡夫、みなともに」とは、大乗・小乗の聖人、善人も悪人もすべて、平等に救われていく万機斉入を示す文言である。この万機斉入の道は、自力の智慧でもってしては不可能なことを「自力の智慧をもっては大涅槃にいたることなければ」と説示されているのである。そして凡聖すべて大涅槃に至り得る唯一の道は、他力の智慧による他はないことを、「無碍光仏の御かたちは、智慧のひかりにてましますゆゑに、この仏の智願海にすすめ入れたまふなり」と説示されているのである。「無碍光仏の御かたち」とは、無碍光如来の相好円満の御かたちは光明であるという意味である。宗祖の『御消息』を見るに、

無碍光仏《むげこうぶつ》は光明《こうみょう》なり、智慧《ちえ》なり。この智慧《ちえ》はすなはち阿弥陀仏《あみだぶつ》なり。阿弥陀仏《あみだぶつ》の御《おん》かたちをしらせたまはねば、その御《おん》かたちをたしかにたしかにしらせまゐらせんとて、世親菩薩《せしんぼさつ》（天親）御《おん》ちからを尽《つく》してあらはしたまへるなり。（『註釈版聖典』七六三頁）

阿弥陀如来の御すがたは、われら衆生にはうかがい知ることのできない涅槃界のことである。そ

れを衆生に知らしむべく、天親菩薩は尽十方無碍光如来と名づけられたのである。阿弥陀如来のおすがたは十方を照らし、衆生を摂したもう光明であることを説示されているのである。「無碍光仏の御かたち」は光明であり、その光明の体、ものがらは如来の智慧であることを以下に、「智慧のひかりにてましますゆゑに」と宗祖は釈されている。

光明と智慧は、体と相の関係である。智慧が体であり、この如来の智慧の相が光明である。私どもは自力の智慧では浄土往生は不可能である。仏より回向された他力の智慧、いいかえれば阿弥陀如来の正覚の智慧が衆生済度の法として具体化された名号によってのみ、浄土に往生することができるのである。阿弥陀如来の光明の体が智慧であるから、名号の体も阿弥陀如来の正覚の智慧である。智慧のひかりである無碍光仏は、智慧を一切衆生にめぐみ、大涅槃の仏果に至らしめんと、その本願において誓われている。

その第十七願所誓の通り、十方世界の無量の諸仏は、弥陀如来の智願海に入ることを十方衆生に勧められているのである。このことを「この仏の智願海にすすめ入れたまふなり」と説示されているのである。

「智願海」とは善導大師の『往生礼讃』にある文言である。この『礼讃』の一段は「行巻」の大行釈下に引用されている。

またいはく（礼讃）、「弥陀《みだ》の智願海《ちがんかい》は、深広《じんこう》にして涯底《がいたい》なし。名《みな》を聞《き》きて往生《おうじょう》せんと欲《おも》へば、みなことごとくかの国《くに》に到《いた》る……」

（『註釈版聖典』一六五～一六六頁）

その意味するところは、弥陀の智慧からおこった本願は大海の如く深広であり、底もはかり知れない（智願海）。この本願の名号を聞信し、浄土往生を期せば、すべて弥陀の浄土に往生することができるという文意である。仏回向の本願の名号を讃嘆する目的で、宗祖はこの文を引用されているのである。

「智願海」とは、名号の徳の内容を讃仰される言葉である。十方の諸仏方が、衆生をすすめて、弥陀如来の本願名号を信受せしめられることを「この仏の智願海にすすめ入れたまふなり」と説示されているのである。本願名号の信受は、とりもなおさず他力の智慧の信受に他ならない。何故ならば名号の体は、弥陀如来の正覚の智慧である。『唯信鈔文意』の後のところで「広大智慧の名号」と説かれている。ここに大涅槃にいたる道は、自力の智慧ではなく、仏より回施したもうた他力の智慧による他はないという宗祖の思し召しを見るのである。

最後に「一切諸仏の智慧をあつめたまへる御かたちなり。光明は智慧なりとしるべしとなり」とある。これは十方の諸仏が、弥陀の智願海をすすめたもう理由を示されるにある。弥陀如来は一切の諸仏の根源、本師本仏であることを示す。弥陀の智慧は、一切諸仏の智慧をことごとく集めた智慧である。一切の衆生をもれなく、弥陀如来はその智慧でもって、大涅槃にすくいたもうのである。十方の諸仏が衆生をすすめて、弥陀の智願海にすすめ入れたもう理由は、ここにあることを示すのが、唯今の御文のこころである。弥陀如来はその光明でもって十方微塵世界を照らし、衆生の煩悩の闇を破しすくいたもうのである。その光明すなわち無碍光の体が弥陀如来の智慧であることを「光明は智慧なり」と結ばれているのである。

かくて「十方世界普流行」を釈されたこの一段は、第十七願の名号摂化、名号の流行による万機の斉入を説示された一段とうかがうのである。

(四)　専修と往生　―第三句―

【本　文】

「但《たん》有《う》称《しょう》名《みょう》皆《かい》得《とく》往《おう》」といふは、「但有《たんう》」はひとへに御《み》なをとなふる人《ひと》のみ、みな往生《おうじょう》すとのたまへるなり、かるがゆゑに「称《しょう》名《みょう》皆《かい》得《とく》往《おう》」といふなり。

（『註釈版聖典』七〇一頁）

【現代語訳】

「但有称名皆得往」というのは、「但有」とはひとすじに名号を称える人だけが、みな往生するといわれているのである。このようなわけで「称名皆得往」というのである。

【講　読】

「但有」を解釈して「ひとへに御なをとなふる人のみ、みな往生す」と釈されている。余行余善を選びすてて、ただひたすら他力の念仏を称する行者のみ、すべて極楽に往生することができるという文意である。宗祖は釈文において、「人のみ、みな往生す」と説示し、第十八願の専修念仏の他力の普益を示されているのである。そしてこの趣旨を受けて「かるがゆゑに〈称名皆得往〉といふなり」と結ばれているのである。

この一段で注意すべきは、『五会法事讃』の四句の偈文は第十七願のこころを述べる偈文と考えられる。しかるに唯今の文は、第十八願の他力の専修の称名念仏による浄土往生が説示されている。これはいかに理解すべきであろうか。

第十七願と第十八願は、衆生済度の弥陀如来のおてだてが誓われているのであり、両願は密接な関係が存するというべきである。第十七願において、衆生済度の法として、弥陀如来は名号による摂化を誓われるのであり、その名号が十方諸仏により称揚讃嘆され、十方世界に流行することが誓われている。そしてその誓願の通り、諸仏讃嘆の名号が衆生に信受され、衆生の上に専修の口称念仏として展開するのである。この仏回向の名号が、衆生の上に信心称名となって展開し、衆生を済度する念仏往生が誓われているのが第十八願である。したがって、諸仏の讃嘆の名号流行による摂化が誓われる第十七願と、その名号の衆生の上への、如実なる展開である念仏往生が誓われる第十八願とは不離の関係にあるというべきである。かかる点より、唯今は第十七願のこころを明かす四句の偈文に第十八願の念仏往生の相が説示されているとうかがうのである。

法照禅師は後善導といわれ、善導教学を伝承されているのであり、第十八願の理解にあたっては念仏往生でもって「但有称名皆得往」と釈されているのである。したがって、称名とあれども信心を離れた称名ではない。信相続の称名であることは自明の理であるといえよう。

(五) 自来迎 ―第四句―

(イ) 総釈

【本　文】

「観音勢至自来迎《かんのんせいしじらいこう》」といふは、南無阿弥陀仏《なもあみだぶつ》は智慧《ちえ》の名号《みょうごう》なれば、この不可思議光仏《ふかしぎこうぶつ》の御《み》なを信受《しんじゅ》して憶念《おくねん》すれば観音《かんのん》・勢至《せいし》はかならずかげのかたちにそへるがごとくなり。

（『註釈版聖典』七〇一頁）

【現代語訳】

「観音勢至自来迎」というのは、南無阿弥陀仏は如来の智慧のはたらきとしての名号であるから、この不可思議光仏の名号を疑いなく信じ心にたもつとき、観音菩薩と勢至菩薩は、必ず影がその姿に付き添うように離れないでいてくださるのである。

【講　読】

この一段は「観音勢至自来迎」とある第四句の総釈の一段である。自来迎とは、観音・勢至が信心の人に、つねに、ときところをえらばず、かげのかたちにそえるが如く、常随影護したまう意であることを解釈されている。

このなかで「南無阿弥陀仏」は智慧の名号といわれている。名号と光明とは名義の関係がある。阿弥陀仏の御名には、摂取不捨の光明の義が具せられてある。「無碍光仏の御かたちは、智慧のひかりにてましますゆゑに」といわれてある如く、光明の体は智慧であるから、名号の体も智慧である。この不可思議光仏の智慧の名号を信受し憶念すれば、観音・勢至はかならず常随影護したもうと、名号の利益を讃仰されるにあるとうかがうのである。

ここで注意すべきは、「観音勢至自来迎」は臨終来迎の意ではなく、上記の如く常随影護の義で釈されている点である。すでに先哲も指摘されている如く、宗祖は『観経』流通分の念仏の利益を説く「観世音菩薩《かんぜのんぼさつ》・大勢至菩薩《だいせいしぼさつ》、その勝友《しょうう》となる」（『註釈版聖典』一一七頁）とある文、さらにこの経文を釈された善導大師の「散善義」に「もっぱら弥陀《みだ》の名《みな》を念《ねん》ずるものは、すなはち観音《かんのん》・勢《せい》至《し》つねに随《したが》ひて影護《ようご》したまふこと、また親友知識《しんぬちしき》のごとくなることを明《あ》かす」（『註釈版聖典（七祖篇)』五〇〇頁)とある文により、念仏の行者には二菩薩が、影の形にそえるが如く、つねにその身につきそうてまもりたまうと釈されているのである。

ここで宗祖は「御なを信受して憶念すれば」と説示されている。信受とは弥陀回向の名号を心に領納することであり、憶念とは一念の信心が念仏行者の心の中に相続することをいう。すなわち名号を信受し、憶念相続すれば二菩薩の常随影護の利益がめぐまれるのであり、それが「自来迎」の意であり、臨終来迎の義ではないことを釈顕されているのである。

(ロ) 観音と勢至

【本 文】

この無碍光仏《むげこうぶつ》は観音《かんのん》とあらはれ勢至《せいし》としめす。ある経《きょう》には、観音《かんのん》を宝応声菩薩《ほうおうしょうぼさつ》となづけて日天子《にってんし》としめす、これは無明《むみょう》の黒闇《こくあん》をはらはしむ、勢至《せいし》を宝吉祥菩薩《ほうきっしょうぼさつ》となづけて月天子《がってんし》とあらはる、生死《しょうじ》の長夜《じょうや》を照《て》らして智慧《ちえ》をひらかしめんとなり。

(『註釈版聖典』七〇一頁)

【現代語訳】

この無礙光仏は、観音菩薩としてあらわれ、勢至菩薩として姿を示してくださる。ある経典には、観音菩薩を宝応声菩薩と名づけ、日天子と示している。この菩薩は無明の闇を払ってくださるという。また、勢至菩薩を宝吉祥菩薩と名づけ、月天子とあらわしている。この菩薩は迷いの長い夜を照らして智慧を開いてくださるというのである。

【講　読】

この一段は、観音・勢至についての解釈である。観音と勢至の二菩薩は、阿弥陀仏が二菩薩と形をかえて示現したもうたことを示す。弥陀の慈悲門より観音とあらわれ、智慧門より勢至を示現したもうたのである。そしてこの観音・勢至を宝応声菩薩と宝吉祥菩薩に配し、それぞれ日天子・月天子とあらわれて衆生を利益したもうことを、『安楽集』に引かれている『須弥四域経』等により説明されている。『須弥四域経』には、

天地《てんち》はじめて開《ひら》くる時《とき》、いまだ日《にち》・月《がつ》・星辰《しょうしん》あらず。……その時人民多《ときにんみんおお》く苦悩《くのう》を生《しょう》ず。ここにおいて阿弥陀仏《あみだぶつ》、二菩薩《ぼさつ》を遣《つか》はす。一は宝応声《ほうおうしょう》と名《な》づけ、二は宝吉祥《ほうきっしょう》と名《な》づく。……この

二菩薩《ぼさつ》ともにあひ籌議《ちゅうぎ》して第七の梵天《ぼんてん》の上《うえ》に向《む》かひて、その七宝《ぼう》を取《と》りてこの界《さかい》に来至《らいし》して、日《にち》・月《がつ》・星辰《しょうしん》二十八宿《しゅく》を造《つく》り……。（『註釈版聖典（七祖篇）』二七一頁）

と説かれている。天地開闢のとき、日月星辰が存在しないので、人民は苦悩していた。そこで阿弥陀仏が宝応声・宝吉祥の二菩薩を遣わして日・月をつくりたもうたという文意である。観音（宝応声菩薩）は日天子とあらわれて、「無明の黒闇をはらはしむ」といわれている。その意味するところは、世間の黒闇のみでなく、衆生を引導して、衆生の心の無明をはらしたもうのである。勢至（宝吉祥菩薩）は月天子とあらわれて、「生死の長夜を照らして智慧をひらかしめん」と説示されている。世間の夜を照らすのみではなく、衆生の生死の迷の長夜を照らし、ついに信心の智慧を開かしめたもうのである。名号を信受し相続するところ、めぐまれる利益について讃仰されているのである。

（ハ）　自の釈

【本　文】

「自来迎《じらいこう》」といふは、「自《じ》」はみづからといふなり、弥陀《みだ》無数《むしゅ》の化仏《けぶつ》・無数《むしゅ》の化観音《けかんのん》・化大勢《けだいせい》至等《しとう》の無量無数《むりょうむしゅ》の聖衆《しょうじゅ》、みづからつねにときをきらはず、ところをへだてず、真実信心《しんじつしんじん》をえたるひとにそひたまひてまもりたまふゆゑに、みづからと申《もう》すなり。また「自《じ》」はおのづからといふ、おのづからといふは自然《じねん》といふ、自然《じねん》といふはしからしむといふ、しからしむといふは、行者《ぎょうじゃ》のはじめてともかくもはからはざるに、過去《かこ》・今生《こんじょう》・未来《みらい》の一切《いっさい》の罪《つみ》を転《てん》ず。転《てん》ずといふは、善《ぜん》とかへなすをいふなり。もとめざるに一切《いっさい》の功徳善根《くどくぜんごん》を仏《ぶつ》のちかひを信《しん》ずる人《ひと》に得《え》しむるがゆゑにしからしむといふ。はじめてはからはざれば自然《じねん》といふなり。誓願真実《せいがんしんじつ》の信《しん》心《じん》をえたるひとは、摂取不捨《せっしゅふしゃ》の御《おん》ちかひにをさめとりてまもらせたまふによりて、行人《ぎょうにん》のはからひにあらず、金剛《こんごう》の信心《しんじん》をうるゆゑに憶念自然《おくねんじねん》なるなり。この信心《しんじん》のおこることも釈迦《しゃか》の慈《じ》父《ぶ》・弥陀《みだ》の悲母《ひも》の方便《ほうべん》によりておこるなり。これ自然《じねん》の利益《りやく》なりとしるべしとなり。

（『註釈版聖典』七〇一頁）

【現代語訳】

「自来迎」というのは、「自」は「みずから」ということである。阿弥陀仏の化身である化仏や観音・勢至の化菩薩など、数限りない聖者がたが、自ら常にどのような時も嫌ったりすることなく、どのような所も避けたりせず、真実の信心を得た人に付き添われお護りになるから、

「みずから」というのである。また「自」は「おのずから」ということである。「おのずから」ということである。「自然」ということである。「自然」というのは「そのようにあらしめる」ということである。「そのようにあらしめる」というのは、念仏の行者があらためてあれこれと思いはからわなくても、過去・現在・未来のすべての罪を転じるのである。「転じる」というのは、罪を善に変えてしまうことをいうのである。求めなくても、すべての善根功徳を、仏の誓願を信じる人に得させてくださるから、「そのようにあらしめる」という。あらためて思いはからうのではないから、「自然」というのである。本願に誓われた真実の信心を得た人は、摂取不捨と誓われたその本願のうちに摂め取って阿弥陀仏がお護りになるのであるから、行者が思いはからうのではなく、決して壊れることのない他力の信心を得ることにより、おのずと本願を心にたもつことができるのである。この信心がおこることも、慈しみあふれる父である釈尊とあわれみ深い母である阿弥陀仏の手だてによるのである。これは本願のはたらきによっておのずから得る利益であると心得なさいということである。

【講　読】

一

唯今の一段は「自来迎」の「自」の一字を釈される。この「自」に「みづから」と「おのづから」の二つの字訓をあげられている。前者は自発の義であって、弥陀分身の無数の化仏、観音・勢至の現じたもうた無数の化菩薩、無量無数の聖衆が、信心の行者を自発的に来至して、つねにつきそい、ところをへだてず、まもりたもうのであり、このことを「みづから」というと釈されてあるのである。真実信心の利益を讃仰される一段である。

この一段の宗祖の説示は『観経』の第十二普観に、

無量寿仏《むりょうじゅぶつ》の化身無数《けしんむしゅ》にして、観世音《かんぜおん》・大勢至《だいせいし》とともに、つねにこの行人《ぎょうにん》の所《ところ》に来至《らいし》す。

（『註釈版聖典』一〇七頁）

とあり、善導大師の『往生礼讃』にこの文を釈して、

また『観経』《かんぎょう》（意）にのたまふがごとし。「もし阿弥陀仏《あみだぶつ》を称《しょう》・礼《らい》・念《ねん》して、かの国《くに》に往生《おうじょう》せんと願《がん》ずれば、かの仏《ぶつ》すなはち無数《むしゅ》の化仏《けぶつ》、無数《むしゅ》の化観音《けかんのん》・勢至菩薩《せいしぼさつ》を遣《つか》はして、行者《ぎょうじゃ》を護念《ごねん》

せしめたまふ」と。また前《さき》の二十五菩薩《ぼさつ》等《とう》と百重千重《ひゃくじゅうせんじゅう》行者《ぎょうじゃ》を囲繞《いにょう》して、行住坐臥《ぎょうじゅうざが》、一切《いっさい》の時処《じしょ》を問《と》はず、もしは昼《ひる》、もしは夜《よる》、つねに行者《ぎょうじゃ》を離《はな》れたまはず。

(『註釈版聖典(七祖篇)』七一一頁)

とある文等により展開されたものといえよう。この『礼讃』の文は「行巻」大行釈下にも引用されているのである。

二

次に後者の「おのづから」の義であるが、「自」を自然の義で釈されている。そしてこの自然の義をさらに「しからしむ」と解されている。この自然の御釈は『正像末和讃』の末尾にある自然法爾章に、

「自然《じねん》」といふは、「自《じ》」は、おのづからといふ、行者《ぎょうじゃ》のはからひにあらず。しからしむといふことばなり。「然《ねん》」といふは、しからしむといふことば、行者《ぎょうじゃ》のはからひにあらず、如来《にょらい》のちかひにてあるがゆゑに。

(『註釈版聖典』六二一頁)

とある御釈と同一の趣意である。行者の自力のはからいではない。如来の本願他力の意味と解すべ

きである。阿弥陀如来の本願他力により、おのずからしからしめられる他力信心の世界を示す言葉といえよう。

次でこの如来の他力自然、本願他力の具体性を示す「しからしむ」の意を転悪成善の益により宗祖は釈されている。すなわち「しからしむといふは、行者のはじめてともかくもはからはざるに、過去・今生・未来の一切の罪を転ず。転ずといふは、善とかへなすをいふなり。もとめざるに一切の功徳善根を仏のちかひを信ずる人に得しむるがゆゑにしからしむといふ」と説示されている。

転悪成善の益は現生十益の一であり、信心の行者にめぐまれる利益である。『高僧和讃』に「罪《ざい》障《しょう》功徳《くどく》の体《たい》となる　こほりとみづのごとくにて　こほりおほきにみづおほし　さはりおほきに徳《とく》おほし」（『註釈版聖典』五八五頁）と讃じられている如く、弥陀回向の名号を信受した信心には、すべての悪を転じて善となす力がある。氷を変じて水となす如く、凡夫の罪障を転じて功徳とする力が、名号には具せられているのである。

信心の行者には、この名号を如来より回向されているから、本願他力のはたらきにより過去・今生・未来の一切の罪を転じて、功徳・善とかえなし、往生成仏に間違いない身になさしめられるのである。転悪成善の利益は、行者の方より作為分別して得る利益ではない。如来の本願他力により自然に得せしめたもう利益である。宗祖は転悪成善の利益により、他力自然を釈された一段と解されるのである。阿弥陀如来の他力のはたらきにより、自力のはからいはなれ、おのずと転悪成善せしめられ、往生成仏する身になさしめられていく世界が、願力自然の世界であるといえよう。

次いで「誓願真実の信心」以下は、金剛の信心に約して他力自然の義を釈されている。まず「誓願真実の信心をえたるひとは、摂取不捨の御ちかひにをさめとりてまもらせたまふによりて、行人のはからひにあらず、金剛の信心をうるゆゑに憶念自然なるなり」とある。行者の作為分別をはなれ、本願他力に真実信心の行者は摂取されているから、その信心は金剛堅固に決定しているのである。行者のはからいを絶した、摂取不捨の本願他力のはたらきにより、自然に金剛の信心が定まる旨を説示し、他力自然の意を釈されたものである。そしてその金剛の信心は、おのずと本願をつねにおもいいづる憶念の心として相続するのである。憶念自然とは、信心がおのずと相続する他力自然の相を説示される言葉である。

最後に「この信心のおこることも釈迦の慈父・弥陀の悲母の方便によりておこるなり。これ自然の利益なりとしるべしとなり」と結ばれている。これは釈迦・弥陀二尊が、われらの金剛の信心を発起せしめたもう義に約して、他力自然の相を釈顕された一段といえよう。釈迦・弥陀二尊の方便、他力のてだてにより、おのずと私どもは信心発起せしめられるのである。すべては仏力・願力の自然の利益の他はないというべきであろう。

(二) 来の釈

【本文】

「来迎《らいこう》」といふは、「来《らい》」は浄土《じょうど》へきたらしむといふ、これすなはち若不生者《にゃくふしょうじゃ》のちかひをあらはす御《み》のりなり。穢土《えど》をすてて真実報土《しんじつほうど》にきたらしむとなり、すなはち他力《たりき》をあらはす御《み》ことなり。また「来《らい》」はかへるといふ、かへるといふは、願海《がんかい》に入《い》りぬるによりてかならず大涅《だいね》槃《はん》にいたるを、法性《ほっしょう》のみやこへかへると申《もう》すなり。法性《ほっしょう》のみやこといふは、法身《ほっしん》と申《もう》す如来《にょらい》のさとりを自然《じねん》にひらくときを、みやこへかへるといふなり。これを真如実相《しんにょじっそう》を証《しょう》すとも申《もう》す、無為法身《むいほっしん》ともいふ、滅度《めつど》に至《いた》るともいふ、法性《ほっしょう》の常楽《じょうらく》を証《しょう》すとも申《もう》すなり。このさとりをうれば、すなはち大慈大悲《だいじだいひ》きはまりて生死海《しょうじかい》にかへり入《い》りてよろづの有情《うじょう》をたすくるを普《ふ》賢《けん》の徳《とく》に帰《き》せしむと申《もう》す。この利益《りやく》におもむくを「来《らい》」といふ、これを法性《ほっしょう》のみやこへかへると申《もう》すなり。

(『註釈版聖典』七〇二頁)

【現代語訳】

「来迎」というのは、「来」は浄土へ来させるということである。これはすなわち若不生者と誓われた本願をあらわすみ教えである。この迷いの世界を捨てて真実の浄土に来させるというのである。すなわち他力をあらわすお言葉である。また「来」は「かえる」ということである。「かえる」というのは、本願の海に入ったことにより必ず大いなるさとりに至ることを、「法性の都へかえる」というのである。法性の都というのは、法身という如来のさとりを本願のはたらきによっておのずと開くとき、そのことを「都へかえる」というのである。これを真如実相を証するともいい、無為法身ともいい、滅度に至るともいい、法性の常楽を証するともいうのである。このさとりを得ると、すなわち大いなる慈悲の心が極まり、再び迷いの世界にかえり入ってあらゆるものを救うのである。このことを普賢の徳を得るという。この利益を得ることを「来」といい、このことを「法性の都へかえる」というのである。

【講　読】

親鸞聖人においては、獲信の一念に往因が満足せしめられる現生正定聚の己証を確立し、臨終来迎は全く否定されている。『親鸞聖人御消息』を見るに、「来迎《らいこう》は諸行往生《しょぎょうおうじょう》にあり、自力《じりき》の行者《ぎょうじゃ》なるがゆゑに。臨終《りんじゅう》といふことは、諸行往生《しょぎょうおうじょう》のひとにいふべし、いまだ真実《しんじつ》の信心《しんじん》をえざるがゆゑなり。……真実信心《しんじつしんじん》の行人《ぎょうにん》は、摂取不捨《せっしゅふしゃ》のゆゑに正定聚《しょうじょうじゅ》の位《くらい》に住《じゅう》す。このゆゑに臨終《りんじゅう》まつことなし、来迎《らいこう》たのむことなし。信心《しんじん》の定《さだ》まるとき往生《おうじょう》また定《さだ》まるなり。来迎《らいこう》の儀則《ぎそく》をまたず」（『註釈版聖典』七三五頁）と教示されている。善根功徳を積み、仏果を期する自力の行者は、臨終に仏の来迎をたのみにして浄土往生を願うが、真実信心の他力の行者は、信心決定と同時に往生は確定するのであって、臨終の来迎は問題外であるという文意である。

唯今の『唯信鈔文意』は、上記のごとき視点より従来の臨終来迎の儀則を否定し、他力信心の立場より独自の来迎観を展開し、他力摂生の妙趣を開顕されているのである。

まず「来迎」の「来」の字義として、「きたらしむ」と「かへる」の二義が説示されている。第一の「きたらしむ」の義とは、「浄土へきたらしむ」と釈されてあるもので、衆生をして穢土を捨てて浄土に往生せしめたもう他力摂生の義を示す意である。「これすなはち若不生者のちかひをあらはす御のりなり」と説示し、真実報土への来生、往生は全く本願他力によることを説示されているのである。

次に第二の「かへる」の義とは、「来はかへるといふ、かへるといふは、願海に入りぬるによりてかならず大涅槃にいたるを法性のみやこへかへると申すなり」と釈されてある。本願を信じ、浄土に往生して、大涅槃の仏果を証することを「法性のみやこへかへる」と釈されているのである。真実報土の往生は往生即成仏の己証を示されたものといえよう。「法性のみやこ」とは阿弥陀仏の浄土のことである。『往生論註』を見るに、浄土を説明して、

この浄土《じょうど》は法性《ほっしょう》に随順《ずいじゅん》して法本《ほうほん》に乖《そむ》かず。

（『註釈版聖典（七祖篇）』六〇頁）

と説かれている。宇宙万有の根源的実性である真如法性のまことにかない、真如の真実を全顕した世界が阿弥陀仏の浄土であるから「法性のみやこ」というのである。これに対し、無明煩悩のため真如の真実を知見し得ず、真如に背反して流転し、迷っている存在が我々凡夫の現実である。その迷妄の存在である凡夫が弥陀の本願にめざめ、浄土に往生して真如法性のまことをさとり、大涅槃の仏果を証することを「法性のみやこへかへる」と、「来」の字を釈されているのである。

そしてさらに「法性のみやこ」を具体的に説明され、それは法身（真如法性の異名）、真如の真実をさとられた如来と同じ証果を開かせていただく世界であり、浄土に往生して弥陀同体のさとりを開かせていただくことを「法性のみやこへかへる」というのであると釈されている。またこのことを「真如実相を証す」とも、「無為法身ともいふ」、「滅度に至る」、「法性の常楽を証すとも申す」といい、往相の証果をさとることが「法性のみやこへかへる」という意味であることを説示されて

いるのである。

さらに宗祖は、この「法性のみやこ」である大涅槃の妙果には普賢の徳である還相摂化の妙用が具せられてあるから、この点をつまびらかにして、「このさとりをうれば、すなはち大慈大悲きはまりて生死海にかへり入りてよろづの有情をたすくるを普賢の徳に帰せしむと申す。この利益におもむくを来といふ、これを法性のみやこへかへると申すなり」と結ばれているのである。法性のみやこより生死海にかえり入る還来穢国・度人天の意で「来」の字を釈されているのである。

「法性のみやこへかへる」ということは、迷界を流転している衆生が、浄土に往生して往相証果の大涅槃を証する意である。それと同時に、この往相の証果たる大涅槃には還相利他の悲用が存するのである。この生死海に還来して還相摂化の衆生済度におもむくことまで統括して、「これを法性のみやこへかへると申すなり」と結ばれているのである。

㈭　迎の釈

【本　文】

「迎《こう》」といふはむかへたまふといふ、まつといふこころなり。選択不思議《せんじゃくふしぎ》の本願《ほんがん》・無上智慧《むじょうちえ》の尊号《そんごう》をききて、一念《いちねん》も疑《うたが》ふこころなきを真実信心《しんじつしんじん》といふなり、金剛心《こんごうしん》ともなづく。この信楽《しんぎょう》をうるときかならず摂取《せっしゅ》して捨《す》てたまはざれば、すなはち正定聚《しょうじょうじゅ》の位《くらい》に定《さだ》まるなり。このゆゑに信心《しんじん》やぶれず、かたぶかず、みだれぬこと金剛《こんごう》のごとくなるがゆゑに、金剛《こんごう》の信心《しんじん》とは申《もう》すなり、これを「迎《こう》」といふなり。『大経《だいきょう》』（下）には、「願生彼国《がんしょうひこく》　即得往生《そくとくおうじょう》　住不退転《じゅうふたいてん》」とのたまへり。「願生彼国《がんしょうひこく》」は、かのくににうまれんとねがへとなり。「即得往生《そくとくおうじょう》」は、信心《しんじん》をうればすなはち往生《おうじょう》すといふ、すなはち往生《おうじょう》すといふは不退転《ふたいてん》に住《じゅう》するをいふ、不退転《ふたいてん》に住《じゅう》すといふはすなはち正定聚《しょうじょうじゅ》の位《くらい》に定《さだ》まるとのたまふ御《み》のりなり。これを「即得往生《そくとくおうじょう》」とは申《もう》すなり。「即《そく》」はすなはちといふ。すなはちといふは、ときをへず、日《ひ》をへだてぬをいふなり。

（『註釈版聖典』七〇二頁）

【現代語訳】

「迎」というのは、「おむかえになる」ということであり、待つという意味である。如来が選び取られた不可思議の本願、この上ない智慧の尊号を聞いて、ほんの少しも疑う心がないのを真実の信心というのである。この心を金剛心とも名づける。この信心を得るとき、阿弥陀仏は必ずその人を摂め取って決してお捨てになることがないので、すなわち正定聚の位に定まるのである。このようなわけで、信心は破られることなく、衰えることなく、乱れることがない。それが金剛のようであるから、金剛の信心というのである。このことを「迎」というのである。『無量寿経』には、「願生彼国　即得往生　住不退転（かの国に生ぜんと願ぜば、すなはち往生を得、不退転に住せん）」と説かれている。「願生彼国」とは、阿弥陀仏の浄土に生れようと願えというのである。「即得往生」は、信心を得ればすなわち往生するということである。すなわち往生するというのは、不退転に住することをいう。不退転に住するというのは、すなわち正定聚の位に定まると仰せになっているみ教えである。このことを「即得往生」というのである。「即」は「すなわち」というのである。「すなわち」というのは、時を経ることもなく日を置くこともないことをいうのである。

【講　読】

「迎」の字訓をあげて「むかへたまふ」といい、その当意を示されている。しかしこの字訓は、臨終来迎の意に混同されやすいおそれが存する。そこでさらに「まつといふこころなり」といい、「迎」の義意を明らかにして、臨終来迎の意に簡別されているのである。そして「まつ」の義意を説明するにあたっては、摂取不捨の正定聚の益でその旨趣を明らかにし、そして本願成就文の「即得往生住不退転」の経文をその明証とされているのである。すなわち「迎」の義意は、浄土から阿弥陀如来が娑婆に衆生を迎えに来たりたもうことではなく、浄土にましまして信心の行者が往生するのをまちたもう意で釈されているのである。

浄土真宗の救いは信益同時である。本願名号を信受し、信心決定と同時に摂取不捨の正定聚の利益がめぐまれるのである。金剛の信心決定している信心の行者は、命終われば浄土に往生して仏果を証する正定聚の位に決定しているのである。間違いなく浄土の往生をとげるから、弥陀如来は浄土において決定せる期待をかけて、金剛心の行者をまちたまい、浄土でむかえたもうのである。かかる点より宗祖は、「迎」の義意を「まつといふこころなり」と釈されたものとうかがうのである。

つづいて宗祖は、本願成就文をこの証権として引用して、信一念同時に即得往生の益をうることを明かして、平生業成の義を釈されている。「願生彼国　即得往生　住不退転」の経文当面では、浄土に往生して彼土で不退転に住する意であるが、宗祖はこれを現生の信心の利益として己証を展開されているのである。宗祖の御己証の中心は「即得往生」の一句である。『一念多念証文』を見るに、

「即《そく》」はすなはちといふ、ときをへず、日《ひ》をもへだてぬなり。また「即《そく》」はつくといふ、その位《くらい》に定《さだ》まりつくといふことばなり。「得《とく》」はうべきことをえたりといふ。真実信心《しんじつしんじん》をうれば、すなはち無碍光仏《むげこうぶつ》の御《おん》こころのうちに摂取《せっしゅ》して捨《す》てたまはざるなり。摂《せっ》はをさめたまふ、取《しゅ》はむかへとると申《もう》すなり。をさめとりたまふとき、すなはち、とき・日《ひ》をもへだてず、正定聚《しょうじょうじゅ》の位《くらい》につき定《さだ》まるを「往生《おうじょう》を得《う》」とはのたまへるなり。（『註釈版聖典』六七八頁）

と釈されている。『唯信鈔文意』と同じ趣意である。『一念多念証文』では、「即」の字を同時と即位の義に約して解釈されている。信心決定と同時に正定聚の位に定まりつくという意である。「得」を「うべきことをえたり」と釈されてある。これは往生をうべき身となることを得たりという意である。

以上のごとき『一念多念証文』の釈文より、唯今の『唯信鈔文意』の釈文を見るに、「即得往生」を解釈して「信心をうればすなはち往生すといふ、すなはち往生すといふは不退転に住するをいふ、

不退転に住すといふはすなはち正定聚の位に定まるとのたまふ御のりなり」といわれている。そのこころは、信心決定せば同時に往生すべき身につき定まるのであり、これを不退転に住すというのである。不退転に住すとは、正定聚の位につき定まるという文意とうかがうのである。「即得往生」を信一念同時に現生で正定聚の位につき定まることと釈される宗祖の御己証の教示というべきである。

宗祖は本願成就文を明証とし、「即得往生」の義をつぶさに明かし、現生不退の義意を教示されて、「迎」の字の義意を釈されているのである。信心の行者は現生で正定聚の位に定まり、死ねばかならず浄土に往生せしめられるのである。阿弥陀如来は浄土においてこれを待ち、迎えたもうのである。他力摂生の立場より、宗祖は「迎」の義意を釈されているのである。

(六) 偈頌の総結

【本　文】

おほよそ十方世界《じっぽうせかい》にあまねくひろまることは、法蔵菩薩《ほうぞうぼさつ》の四十八大願《しじゅうはちだいがん》の中《なか》に、第十七《だいじゅうしち》の願《がん》に、「十方無量《じっぽうむりょう》の諸仏《しょぶつ》にわがなをほめられん、となへられん」と誓《ちか》ひたまへる、一乗大智海《いちじょうだいちかい》の誓願成就《せいがんじょうじゅ》したまへるによりてなり。『阿弥陀経《あみだきょう》』の証誠護念《しょうじょうごねん》のありさまにてあきらかなり。証誠護念《しょうじょうごねん》の御《おん》こころは『大経《だいきょう》』にもあらはれたり。また称名《しょうみょう》の本願《ほんがん》は選択《せんじゃく》の正因《しょういん》たること、この悲願《ひがん》にあらはれたり。この文《もん》のこころはおもふほどは申《もう》さず、これにておしはからせたまふべし。

（『註釈版聖典』七〇二頁）

【現代語訳】

如来の尊号がすべての世界のすみずみにまで広く行きわたるということは、法蔵菩薩の四十八願のなか、第十七願に「すべての世界の数限りない仏がたに、わたしの名号をほめたたえられ、称えられよう」とお誓いになった、一乗大智海の誓願を成就されたことによるのである。それは『阿弥陀経』に、あらゆる仏がたが念仏の法を真実であると証明し、念仏の行者をお護りになると示されていることによって明らかである。そのおこころは『無量寿経』にもあらわされている。また、称名念仏が誓われた第十八願は、阿弥陀仏が選び取られた浄土往生の正しい因であることが、この第十七願にあらわされている。

この文の意味は、十分にいうことができていないけれども、これらのことによってお考えいただきたい。

【講　読】

この一段は、『五会法事讃』の「如来尊号甚分明　十方世界普流行　但有称名皆得往　観音勢至自来迎」の四句の偈意を総結されるのである。「おほよそ十方世界にあまねくひろまる云々」というのは前二句の偈意であり、「称名の本願は選択の正因たること、この悲願にあらはれたり」とあるものは、後二句の偈意を結するものである。

まず初二句の偈意であるが、正しく第十七願成就の名号があまねく十方世界にひろまることを説示したもうのである。前述の如く、名号の流行による衆生摂化が誓われてあるのが第十七願である。願文に「咨嗟称我名」とある。これを宗祖は「十方無量の諸仏にわがなをほめられん、となへられん」と訓じられている。称揚と称念の二義で解されている。

称揚の義とは、ほめることである。すなわち「わがなをほめられん」とあるものである。称念の義とは、名号を称えることで「となへられん」とあるものである。この場合、称念の義とは衆生が名号を称えることではない。諸仏の称名である。諸仏が弥陀の名号を称揚讃嘆したもうとき、六字名号を称えて、名号の功徳を嘆じたもうことをいうのである。この場合、第十七願文の「咨嗟」と

「称我名者」の「称」を分けて訓じられていると見るべきで、「咨嗟」は称揚の義、「称」は称念の義とうかがうのである。

かくて弥陀の名号が十方世界にあまねくひろまるのは、この第十七願が成就することによるというべきであり、このことを「一乗大智海の誓願成就したまへるによりてなり」と説示されているのである。一乗大智海とは本願一乗の法、いいかえれば名号法のことである。名号摂化を誓われた第十七願の成就を根源として、十方世界への名号法の流行展開が存するというべきである。

そしてさらに十方世界に名号がひろがるのは、第十七願成就によるのであることを、『阿弥陀経』の証誠護念により釈されているのである。証誠護念というのは、恒沙の諸仏が弥陀の名号を称讃して、一心不乱の念仏行者の浄土往生の真実を証明し、すすめられていることを証誠というのである。護念とは、この諸仏の証誠により、衆生が名号不思議を信じて極楽に往生すべき身に定まりつくとき、一切諸仏がこの念仏の行者を護念したもうことをいうのである。この『阿弥陀経』の証誠護念の相は、弥陀の名号が十方世界にあまねく流行している相というべきで、諸仏の証誠護念は第十七願成就に根源するというべきである。宗祖は『阿弥陀経』の証誠護念を説示することにより、第十七願成就による名号の十方世界への流行を証されているものといえよう。

そしてこの証誠護念は、直接的には『大経』の文の上には存しないが、その証誠のこころ、義意が『大経』にも存することを「証誠護念の御こころは『大経』にもあらはれたり」と釈されているのである。このことは、すでに故梅原真隆和上も指摘されている如く、『選択集』証誠章に次の如く教示されている。

かの『双巻《そうかん》』（大経）等《とう》のなかに証誠《しょうじょう》の言《ことば》なしといへども、この『経《きょう》』（小経）にすでに証誠《しょうじょう》あり。これに例《れい》してかれを思《おも》ふに、かれらの経中《きょうちゅう》（大経・観経）において説《と》くところの念仏《ねんぶつ》、また証誠《しょうじょう》の義《ぎ》あるべし。文《もん》この『経《きょう》』（小経）にありといへども、義《ぎ》かの経《きょう》（大経・観経）に通《つう》ず。

（『註釈版聖典（七祖篇）』一二七九頁）

法然聖人・親鸞聖人の解釈は同じというべきである。

次に後二句の偈意であるが、「称名の本願は選択の正因たること、この悲願にあらはれたり」と結嘆されている。唯今の「称名の本願」とは、「但有称名皆得往」等とある文を受けての説示であるので、第十八願と解すべきである。この第十八願において、万善諸行の中から称名念仏の一行を選び取り、衆生往生の正定業を誓われてあるのを「選択の正因」と釈されているのである。そして次下に「この悲願にあらはれたり」とある悲願は、第十七願と領解すべきである。

何故ならば、往生の正因として称名念仏が選択されてあるのが第十八願である。その念仏往生が成立するのは第十七願において、衆生済度の法としての名号成就が誓われているからに外ならない。

第十七願と第十八願とは不離の関係である。第十七願において満足成就された名号の流行により、第十八願における「但有称名皆得往」の衆生の上における念仏往生の他力摂生の大道がめぐまれるのである。かかる旨趣を「この悲願にあらはれたり」と釈されているとうかがうのである。

かくて四句の偈頌のこころは、第十七願の名号の十方世界への普流行、名号摂化を説示するにありとするのが、この一段の大要とうかがうのである。

（七）　法照禅師の小伝

【本　文】

この文《もん》は、後善導《ごぜんどう》法照《ほっしょう》禅師《ぜんじ》と申《もう》す聖人《しょうにん》の御釈《ごしゃく》なり、この和尚《かしょう》をば法道《ほうどう》和尚《かしょう》と、慈覚《じかく》大師《だいし》はのたまへり。また『伝《でん》』には盧山《ろざん》の弥陀《みだ》和尚《かしょう》とも申《もう》す。浄業《じょうごう》和尚《かしょう》とも申《もう》す。唐朝《とうちょう》の光明寺《こうみょうじ》の善導《ぜんどう》和尚《かしょう》の化身《けしん》なり、このゆゑに後善導《ごぜんどう》と申《もう》すなり。

（『註釈版聖典』七〇四頁）

【現代語訳】

この文は、後善導と呼ばれる法照禅師という聖人の御文である。慈覚大師は、この和尚のことを法道和尚と仰せになっている。また伝記には、廬山の弥陀和尚ともいわれており、あるいは浄業和尚ともいわれている。この方は唐の時代に光明寺におられた善導大師の化身であるから後善導というのである。

【講　読】

上来、宗祖が文々句々にわたって釈せられた偈頌は、法照禅師の『五会法事讃』の文であり、法照禅師の小伝を説示し、後善導と嘆ぜられるそのお徳を讃仰されている一段である。禅師ははじめ慧遠の芳躅を慕って廬山に入り念仏三昧を修し、ついで衡山の承遠より浄土教を受けている。五会念仏を制定して、弘通している。

この法照禅師を「後善導」といわれてあるのは、『楽邦文類』第三の蓮社継祖五大法師伝の中、善導大師の条下に「後に法照大師あり、すなわち善導の後身也」とあるものによられたものである。後善導とは、次下に宗祖も「唐朝の光明寺の善導和尚の化身なり、このゆゑに後善導と申すなり」

とある如く、善導大師の化身という点より後善導と讃仰されているのである。『高僧和讃』を見るに、宗祖は、

世々《よよ》に善導《ぜんどう》いでたまひ
法照《ほっしょう》・少康《しょうこう》としめしつつ
功徳蔵《くどくぞう》をひらきてぞ
諸仏《しょぶつ》の本意《ほんい》とげたまふ

（『註釈版聖典』五八九頁）

といい、法照・少康を善導大師の化身と崇敬されているのである。

次に、「この和尚をば法道和尚と、慈覚大師はのたまへり」とあるものであるが、法照禅師の異名を法道とするのは、比叡山における伝説によられたものと考えられる。叡山の慈覚大師が入唐したとき、清涼山において、法道和尚より、引声念仏を伝えられたことが『帝王編年記』（『円光大師行状翼賛』引抄）に記されている。比叡山では、五会念仏をはじめた法照禅師と、五会念仏の伝承者である法道を同一人物と解するようになったと思われる。親鸞聖人は当時の叡山における伝説によられたものとうかがうのである。

そしてさらに「また『伝』には廬山の弥陀和尚とも申す。浄業和尚とも申す」と説示されている。弥陀和尚も浄業和尚も、法照禅師とは別人である。弥陀和尚については、『楽邦文類』第三蓮社継

祖五大法師伝の法照禅師の条下を見るに、

柳文の南嶽弥陀和尚の碑に曰く、「代宗の時に在って僧法照あり。国師となる。初め廬山に居り、正定に由って以て安楽国に趣く。悪衣を蒙り、仏に侍する者を見る。仏告げて曰はく〈此は衡山の承遠なり。出でて之を求めてこれに肖るべし〉と。すなわち従って学び、教を天下に伝ふ」と。此れに準ずるに法照は遠公を師とするなり。

この法照伝は、承遠が法照禅師の師であることを示すものであるが、この文中の弥陀和尚は法照のことか、承遠のことか不明である。故梅原真隆和上は、この南嶽弥陀和尚碑の全文を考証し、この碑文は承遠の伝であり、弥陀和尚は承遠のことと論じられている。しかし、この碑文を法照伝と見たのが、西誉の『浄土三国仏祖伝集』であり、このなかで法照禅師を弥陀和尚と説示している。親鸞聖人は、これら日本の浄土教家に伝承されている伝記によられたものと思われるのである。

浄業和尚とは、この名は『楽邦文類』四に「京師比丘善導」の撰号がある『臨終正念訣』に記されてある。この文中に「知帰子、問を浄業和尚に致して曰く云々」等といい、問答が展開しているが、浄業和尚は法照禅師をさす名ではない。この『臨終正念訣』は、王日休の『龍舒増広浄土文』巻第十二に「善導和尚臨終往生正念文」として記載されている。しかしこれには浄業和尚の名は存しない。ともあれ『臨終正念訣』は善導の撰述と伝説されてあり、かかる点より本書中に出される浄業和尚は、後善導といわれる法照禅師のことと伝説されることとなり、宗祖もこの伝説を依用されたものとうかがうのである。

第四章　無碍の救い

（一）　慈愍三蔵の偈頌

【本　文】

彼《ひ》仏《ぶつ》因《いん》中《ちゅう》立《りゅう》弘《ぐ》誓《ぜい》　聞《もん》名《みょう》念《ねん》我《が》総《そう》迎《こう》来《らい》
不《ふ》簡《けん》貧《びん》窮《ぐ》将《しょう》富《ふ》貴《き》　不《もん》簡《けん》下《げ》智《ち》与《よ》高《こう》才《ざい》
不《ふ》簡《けん》多《た》聞《もん》持《じ》浄《じょう》戒《かい》　不《ふ》簡《けん》破《は》戒《かい》罪《ざい》根《こん》深《じん》
但《たん》使《し》回《え》心《しん》多《た》念《ねん》仏《ぶつ》　能《のう》令《りょう》瓦《が》礫《りゃく》変《へん》成《じょう》金《こん》

（『註釈版聖典』七〇四頁）

【現代語訳】

『五会法事讃』に、「彼仏因中立弘誓　聞名念我総迎来　不簡貧窮将富貴　不簡下智与高才

不簡多聞持浄戒　不簡破戒罪根深　但使回心多念仏　能令瓦礫変成金（かの仏の因中に弘誓を立てたまへり。名を聞きてわれを念ぜばすべて迎へ来らしめん。貧窮と富貴とを簡ばず、下智と高才とを簡ばず、多聞と浄戒を持てるとを簡ばず、破戒と罪根の深きとを簡ばず。ただ回心して多く念仏せしむれば、よく瓦礫をして変じて金と成さんがごとくせしむ）」といわれている。

【講　読】

この偈頌は、『五会法事讃』におさめられている慈愍三蔵の『般舟三昧讃』よりの略抄である。同一の略抄はもと法然聖人の『選択集』本願章に引用されてあり、さらには「行巻」にも引用されている。法然聖人・聖覚法印・親鸞聖人の三者同一の引用型態であり、教学の伝承を見るのである。

この慈愍三蔵の偈頌であるが、すでに詳説している如く、聖覚法印の『唯信鈔』において、念仏往生について第十七・十八願関連の上で論が展開されていた。まず名号摂化を誓う願として第十七願が誓われてあることを述べ、その証権として「如来尊号甚分明云々」とある『五会法事讃』の法照禅師の四句の偈頌が引用されていた。

これに次いで聖覚法印は、善導大師・法然聖人の伝統を受けつぎ、第十七願所誓の名号の衆生の上への具体的流行である第十八願の称名念仏について述べている。「つぎに、第十八に念仏往生の願をおこして、十念のものをもみちびかんとのたまへり」等といい、浄土往生の正因として乃至十念の称名念仏に注目し、この念仏往生の証権として唯今の慈愍三蔵の八句の偈頌を引証されているのである。いま「行巻」大行釈下所引に順じて訓ずれば次の通りである。

かの仏《ぶつ》の因中《いんちゅう》に弘誓《ぐぜい》を立《た》てたまへり。名《みな》を聞《き》きてわれを念《ねん》ぜばすべて迎《むか》へ来《かえ》らしめん。貧窮《びんぐ》と富貴《ふき》とを簡《えら》ばず、下智《げち》と高才《こうざい》とを簡《えら》ばず、多聞《たもん》と浄戒《じょうかい》を持《たも》てるとを簡《えら》ばず、破戒《はかい》と罪根《ざいこん》の深《ふか》きとを簡《えら》ばず。ただ回心《えしん》して多《おお》く念仏《ねんぶつ》せしむれば、よく瓦礫《がりゃく》をして変《へん》じて金《こがね》と成《な》さんがごとくせしむ。

（『註釈版聖典』一七三頁）

宗祖は大行釈下に法照禅師の『浄土五会念仏略法事儀讃』の長行と偈頌五文を引用して、一代仏教で弥陀念仏は無上深妙の法門であることを証し、大行を讃ぜられている。今文はこの中、偈讃五文中の第四文で、『般舟三昧経』によってつくられた慈愍和尚の偈讃中の一段である。

(二)　超世の弘誓　―第一句―

【本　文】

「彼仏因中《ひぶついんちゅう》立弘誓《りゅうぐぜい》」、このこころは、「彼《ひ》」はかのといふ。「仏《ぶつ》」は阿弥陀仏《あみだぶつ》なり。「因中《いんちゅう》」は法蔵菩薩《ほうぞうぼさつ》と申《もう》ししときなり。「立弘誓《りゅうぐぜい》」は、「立《りゅう》」はたつといふ、なるといふ、「弘《ぐ》」はひろしといふ、ひろまるといふ、「誓《せい》」はちかひといふなり。法蔵比丘《ほうぞうびく》、超世無上《ちょうせむじょう》のちかひをおこして、ひろくひろめたまふと申《もう》すなり。超世《ちょうせ》は余《よ》の仏《ぶつ》の御《おん》ちかひにすぐれたまへりとなり。超《ちょう》は、こえたりといふは、うへなしと申《もう》すなり。如来《にょらい》の弘誓《ぐぜい》をおこしたまへるやうは、この『唯《ゆい》信鈔《しんしょう》』にくはしくあらはれたり。

（『註釈版聖典』七〇四頁）

【現代語訳】

「彼仏因中立弘誓」について、この文の意味は、「彼」は「かの」ということであり、「仏」は阿弥陀仏のことである。「因中」というのは、法蔵菩薩であった時ということである。「立弘誓」というのは、「立」は「たてる」ということであり、成立するということである。「弘」は

「ひろい」ということであり、「ひろまる」ということである。「誓」は「ちかい」ということである。法蔵菩薩が、この上ない超世の誓いをおこして、広くおひろめになるというのである。「超世」とは、他の仏がたのお誓いよりすぐれておいでになるということである。「超」は「こえている」ということであり、それより上がないということである。如来が弘誓をおこされた様子は、この『唯信鈔』に詳しく示されている。

【講　読】

「彼仏因中」を釈して、阿弥陀仏の法蔵菩薩因位のときと釈され、この阿弥陀仏の因位の本願を信ずべき思し召しを説示されている。そして「立弘誓」を釈し、まず「立」に「たつ」と「なる」の二訓をあげられている。この場合「たつ」とある意は一般的な義である。しかし「立」には終成の義があるところより「なる」と訓じられているのである。『仁王良賁疏』を見るに、「建立」の二字を分釈して、「初起を建と曰い、終成を立と為す」といっている。家をたてはじめるところが「建」の字のこころであり、家をたておわって成就したところが「立」の字のこころである。そこで「終成を立と為す」と釈されているのである。かかる視点より、「立」を「なる」と訓じられているのである。

唯今は「たつ」に「なる」の訓を重ねて本願成就の義を詮顕したまう思し召しとうかがうのである。

次いで「弘」に「ひろし」と「ひろまる」の二訓をあげられている。「ひろし」というのは、所被の機の広きことをあらわす訓であり、本願文に十方衆生とある如く、あらゆる衆生をひとりとしてもらさぬ意を示す。「ひろまる」とは、弘通の義で、本願の救いが、あらゆる機類に弘通する義を示されたものとうかがうのである。

「誓」は「ちかひ」と釈されている。法蔵比丘の「超世無上のちかひ」であり、法蔵はこの誓願を十方世界に弘通したもうのである。この場合、宗祖は「超世」を「余の仏の御ちかひにすぐれたまへりとなり。超は、こえたりといふは、うへなしと申すなり」と釈されている。「超世」というのは、『大経』の重誓偈に「我建超世願」とあるものが根本である。法蔵菩薩の誓願は、三世十方の諸仏の誓に超え勝れた願であることを釈されたものである。このことは法然聖人よりのご相承であって、『和語燈録』巻一に、

かのほとけも「我建超世願」となのり給へり。三世の諸仏もいまだかくのごとくの願をばおこし給はず。十方の薩埵もいまだこれらの願はましまさず。

といわれている。「超は、こえたり」とは、すぐれて、余他の諸仏の誓に超えてある義であり、「う

へなし」とは、弥陀の誓願の上に超えるものの存しないことをいうのである。そしてこのような超世無上の弘誓を弥陀如来がおこしたもうたことは、「『唯信鈔』にくはしくあらはれたり」と結ばれている。

『唯信鈔』を見るに、法蔵菩薩は因位のとき、世自在王仏のみもとにおいて、五劫のあいだ思惟して、二百一十億の諸仏の浄土より、悪をえらび善をとり、粗をすて妙をねがい、勝れたることを選択して極楽世界を建立したもうた。そしてこの浄土に、一切の善悪の凡夫を往生せしめんという誓願を建立したもうた趣を詳しく説示されてある。

以上のごとき内容の『唯信鈔』の一段を宗祖は証権として、法蔵菩薩の本願建立を釈されているとうかがうのである。

(三) 聞名と総迎来 ―第二句―

【本　文】

「聞名念我《もんみょうねんが》」といふは、「聞《もん》」はきくといふ、信心《しんじん》をあらはす御《み》のりなり。「名《みょう》」は御《み》なと申《もう》すなり、如来《にょらい》のちかひの名号《みょうごう》なり。「念我《ねんが》」と申《もう》すは、ちかひの御《み》なを憶念《おくねん》せよとなり、諸仏《しょぶつ》称名《しょうみょう》の悲願《ひがん》（第十七願）にあらはせり。憶念《おくねん》は、信心《しんじん》をえたるひとは疑《うたがい》なきゆゑに本願《ほんがん》をつねにおもひいづるこころのたえぬをいふなり。「総迎来《そうこうらい》」といふは、「総《そう》」はふさねてといふ、すべてみなといふこころなり。「迎《こう》」はむかふるといふ、まつといふ、他力《たりき》をあらはすこころなり。「来《らい》」はかへるといふ、きたらしむといふ、法性《ほっしょう》のみやこへむかへ率《い》てきたらしめ、かへらしむといふ。法性《ほっしょう》のみやこより衆生利益《しゅじょうりやく》のためにこの娑婆界《しゃばかい》にきたるゆゑに、「来《らい》」をきたるといふなり。法性《ほっしょう》のさとりをひらくゆゑに、「来《らい》」をかへるといふなり。

（『註釈版聖典』七〇五頁）

【現代語訳】

「聞名念我」というのは、「聞」は「きく」ということであり、信心を表す言葉である。「名」はお名前ということであり、如来が本願に誓われた名号である。「念我」というのは、その本願に誓われた名号を憶念せよというのである。これは大悲のお心によって誓われた諸仏称名の願に示されている。「憶念」とは、信心を得た人は疑いがないから、折にふれていつも本願を心に思いおこすことをいうのである。「総迎来」というのは、「総」はまとめてということであり、すべてのものをみなという意味である。「迎」は「むかえる」ということであり、待つということであって、それは他力の救いを意味しているのである。「来」は「かえる」ということであり、「こさせる」ということである。法性の都へ迎え、連れて行き、来させ、かえらせるというのである。法性の都からすべてのものを救うためにこの娑婆世界に来るから、「来」を「くる」というのである。法性のさとりを開くから、「来」を「かえる」というのである。

【講　読】

一

まず「聞名念我」を釈されてある。「聞名」とは、第十八願成就文の「聞其名号」の義と同じである。『一念多念文意』を見るに、「聞」の字を釈して、「〈聞其名号《もんごみょうごう》〉といふは、本願《ほんがん》の名号《みょうごう》をきくとのたまへるなり。きくといふは、本願《ほんがん》をきゝて疑《うたが》ふこころなきを〈聞《もん》〉といふなり。またきくといふは、信心《しんじん》をあらはす御《み》のりなり」（『註釈版聖典』六七八頁）と説示されてあるものと同じである。本願の名号の真実を聞き疑心なきことを「聞」というのである。

仏は自らのすべての正覚の果徳を名号に成就して、我々に回向して、救いたもうのである。名号とは「本願招喚の勅命」と説明されてある如く、如来の名告りであり、喚び声である。その喚び声である名号を聞くことにより、如来の真実を我々は心に領納するのである。

古来、真宗の信心は絶対他力の信心であり、凡夫の自力のはからいをはなれた信心であるから、その趣を示して聞即信と説明されている。素純に名号の真実を聞き、聞いたままがただちに信ぜられ、仏願に随順する他力信心の相を聞即信というのである。このことを「きくといふは、信心をあらはす御のりなり」と説明されているのである。そして、この所聞の対象である名号は、第十七願成就の名号であることを「如来のちかひの名号なり」と説示されているのである。

次に「念我」を釈して、「ちかひの御なを憶念せよとなり」といわれている。憶念とは次下に「憶念は、信心をえたるひとは疑なきゆゑに本願をつねにおもひいづるこころのたえぬをいふなり」と釈されてある如く、本願を思い出す心のたえない信心の相続の相である。いわゆる、憶念不忘の義である。

『浄土和讃』冠頭の、

弥陀《みだ》の名号《みょうごう》となへつつ
信心《しんじん》まことにうるひとは
憶念《おくねん》の心《しん》つねにして

仏恩報《ぶっとんほう》ずるおもひあり
（『註釈版聖典』五五五頁）

の御和讃と同意である。信心決定後の信心の相続するすがたを、「憶念の心つねにして」と讃ぜられているのである。

そしてこの「ちかひの御な」を憶念する信心の相続は、第十七願を根源として成立するものであることを「諸仏称名の悲願にあらはせり」と釈されている。

第十八願に三信十念が誓われてある。この三信の信心も、十念の称名も、第十七願成就の名号の衆生の機相の上への流行に外ならない。第十七願においては、名号摂化が誓われてある。その衆生救済の名号を諸仏が讃嘆したもうのであり、諸仏讃嘆の名号を聞信して、称名念仏する衆生を済度せんことが誓われてあるのが第十八願である。第十八願の三信十念は、第十七願成就の名号の展開に外ならぬのである。仏は第十七願において名号を回向し、衆生を摂取せんとして、名号法の成就を誓われているのである。このことを「諸仏称名の悲願にあらはせり」と釈されているのである。

「念我」の「我」とは、第十七願に「咨嗟称我名」とある「我名」、名号のことである。

二

次に「総迎来」を釈されている。まず「総」を「ふさねて」、「すべてみな」と釈されてある。「ふさねて」とは、別々にはなれてあるものを一処に集め、つかねることをいう。「すべてみな」とは、十人は十人ながら、百人は百人ながら残らずという意である。第十八願の所被の機は、聖者であれ、凡夫であれ、善悪男女さまざまであるが、すべてみな、残らず救いとりたもうことをいう。「迎」は、「むかふるといふ、まつといふ」と説示されている。これは前章の「自来迎」の「迎」の釈と同じで、聞名念我の行者が浄土に往生するのを、弥陀仏は浄土にいまして、むかえまちたもうという意であり、不来迎の義で釈されている。

「来」については、前章と同じく「かへる」・「きたらしむ」の二義があげられている。すでに前章で述べた如く（1）「来」の字を「きたる（きたらしむ）」と釈し、衆生をして浄土に往生せしめたもうという義、即ち「来はきたらしむ」と往相で釈されている。（2）「来」を「かえる」と釈し、往相の証果を得る義で説示されている。浄土に往生して大涅槃の証果を得ることを「法性のみやこへかへる」と釈されている。（3）還相摂化の利益のため生死海にかえりきたることを「来」と釈されている。往相の証果には還相の悲用が具されている義意を開きあらわして、「このさとりをうれば、すなはち大慈大悲《だいじだいひ》きはまりて生死海《しょうじかい》にかへり入《い》りてよろづの有情《うじょう》をたすくるを、普賢《ふげん》の徳《とく》に帰《き》せしむと申《もう》す。この利益《りやく》におもむくを〈来《らい》〉といふ」（『註釈版聖典』七〇二頁）と説示されている。

これを受けて、宗祖は更にその深義を開顕し、妙釈を展開されている。即ち「〈来〉はかへるといふ、きたらしむといふ、法性のみやこへむかへ率てきたらしめ、かへらしむといふ」と釈されている。この文中の「みやこへむかへ率てきたらしめ」とは、衆生が浄土へ往生する往相の意である。「率て」とは「ゐる」（「率る」他動詞上一段）の連用形「ゐ」に接続助詞「て」が接続したもので「連れて行く」の意である。仏が凡夫を法性のみやこであるお浄土に「連れて行く」という意味である。そしてこれにつづく「かえらしむ」意であるが浄土に往生して大涅槃・真如実相を証することを「かへる」と表示されているのである。「法性のみやこへかへる」とは前章で述べた如く凡夫が本願に乗じ、浄土に往生して、真実の証果、滅度をさとることを「かへる」と宗祖は往相の意で釈されているのである。つづいて、「法性のみやこより衆生利益のためにこの娑婆界にきたるゆゑに、来をきたるといふなり」といい、還相の還来度生の意で「きたる」を釈されている。浄土の往生人が、仏果を証して後、浄土より娑婆に衆生済度のために還ることを「きたる」と釈されているのである。

最後に「法性のさとりをひらくゆゑに、来をかへるといふなり」と結ばれている。浄土の往生は即成仏の仏果を証する己証を示し、「かへる」の義を釈し、得証の大涅槃は衆生済度の還相の悲用をおこす根源であることを釈顕せんとする思し召しとうかがうのである。

(四)　平等の救い　―第三・四・五・六句―

一

【本　文】

「不簡貧窮将富貴《ふけんびんぐしょうふき》」といふは、「不簡《ふけん》」はえらばず、きらはずといふ。「貧窮《びんぐ》」はまづしく、たしなきものなり。「将《しょう》」はまさにといふ、もつてといふ、率《い》てゆくといふ。「富貴《ふき》」はとめるひと、よきひとといふ。これらをまさにもつてえらばず、きらはず、浄土《じょうど》へゐてゆくとなり。

（『註釈版聖典』七〇五頁）

【現代語訳】

「不簡貧窮将富貴」というのは、「不簡」とは、選び捨てない、嫌わないということである。「貧窮」とは、貧しく、苦しみ困っているもののことである。「将」は「まさに」ということであり、「もって」ということであり、連れて行くということである。「富貴」とは、裕福な人、身分の高い人ということである。これらの人々を、まさに選ぶことなく、嫌うことなく、浄土へ連れて行くというのである。

【講　読】

以下「不簡」とある句を四句釈されてある。第十八願に「十方衆生」とある如く、仏の悲願は平等無碍の救いであることを釈顕せんとする思召とうかがうのである。

「不簡」を「えらばず」、「きらはず」と釈されてある。「えらばず」とは、一人として捨てるものなきことをあらわす意であり、「きらはず」とは、富貴でも貧窮でもすべてきらうものなきことをいう。本願文に「十方衆生」とあるこころは、すべての衆生をわけへだてせず、きらうことなく摂取せんとする仏意のあらわれである。この平等無碍の救いを「不簡」の釈で釈顕されているのである。

「貧窮」の「貧」は「まづしく」、「窮」は「たしなきもの」と釈されている。「たしなきもの」とは、十分でないという意で、苦しみ困っているものという意である。

「富貴」の「富」とは「とめるひと」とある如く、富める者のことであり、「貴」とは「よきひと」とある如く、高い身分の人をいう。

「将」の字は「まさに」、「もつて」、「率てゆく」の三訓をあげられている。「まさに」と訓ずるときは、甫始の辞で、ものごとをはじめるときに遣う字で、唯今の場合、阿弥陀仏の発願は、まさに衆生済度の大悲心の吐露というべく、まさに衆生を済度せんとする本願の躍動を示そうとされたものとうかがうのである。「もつて」とは、阿弥陀仏が信心の人を光明の中に摂めとり、摂持して浄土に往生せしめたもう意である。「率てゆく」とは、引きつれてゆくという意であり、唯今は仏が衆生を浄土へ引導したもう意を釈されたものといえよう。

かくて仏は、貧窮も富貴もえらばず、きらわず、平等無碍に摂護して、浄土に引導したもうのであり、かかる他力摂生の本願力のはたらきを結して「これらをまさにもつてえらばず、きらはず、浄土へ率てゆくとなり」と釈されているのである。

二

【本　文】

「不簡下智与高才《ふけんげちよこうざい》」といふは、「下智《げち》」は智慧《ちえ》あさく、せばく、すくなきものとなり。「高才《こうざい》」は才学《さいかく》ひろきもの、これらをえらばず、きらはずとなり。

（『註釈版聖典』七〇六頁）

【現代語訳】

「不簡下智与高才」というのは、「下智」とは、智慧が浅く、狭く、少ないものというのである。「高才」とは、才能が豊かで学のあるもののことであって、これらの人々を選ぶことがなく、嫌うことがないというのである。

【講　読】

下智は「あさく」、「せばく」、「すくなきもの」の三義で解している。いわゆる、浅深対、広狭対、多少対の三義の視点より釈されている。

「高才」とは「才学ひろきもの」と釈されてある。才学とは、『唐書百官誌』の註に「才者天之良質也　学者所以成其才也」と釈されている。才とは先天的な才能であり、その先天的な才はあっても、学問せざるときは、その才を成就することはできない。学問をもって才を成ずるというべきである。いま、高才というのは、先天的な才のみではなく、学問してその才を錬磨して成じたもの故に、「才学ひろきもの」と釈されているのである。

かくて弥陀の本願は、下智の者も才学ひろき高才の者もえらばず、きらわず、平等にすべてたすけたもうのである。このことを「これらをえらばず、きらはずとなり」と結されているのである。

三

【本　文】

「不《ふ》簡《けん》多聞《たもん》持浄戒《じじょうかい》」といふは、「多聞《たもん》」は聖教《しょうぎょう》をひろくおほくきき、信《しん》ずるなり。「持《じ》」はたもつといふ、たもつといふは、ならひまなぶこころをうしなはず、ちらさぬなり。「浄戒《じょうかい》」は大小乗《だいしょうじょう》のもろもろの戒行《かいぎょう》、五戒《ごかい》・八戒《はっかい》・十善戒《じゅうぜんかい》、小乗《しょうじょう》の具足衆戒《ぐそくしゅかい》、三千《さんぜん》の威儀《いぎ》、六万《ろくまん》の斎《さい》行《ぎょう》、『梵網《ぼんもう》』の五十八戒《ごじゅうはっかい》、大乗一心金剛法戒《だいじょういっしんこんごうほうかい》、三聚浄戒《さんじゅじょうかい》、大乗《だいじょう》の具足戒等《ぐそくかいとう》、すべて道俗《どうぞく》の戒《かい》品《ほん》、これらをたもつを「持《じ》」といふ。かやうのさまざまの戒品《かいほん》をたもてるいみじきひとびとも、他力真実《たりきしんじつ》の信心《しんじん》をえてのちに真実報土《しんじつほうど》には往生《おうじょう》をとぐるなり。みづからの、おのおのの戒善《かいぜん》、おのおのの自力《じりき》の信《しん》、自力《じりき》の善《ぜん》にては実報土《じっぽうど》には生《うま》れずとなり。

（『註釈版聖典』七〇六頁）

【現代語訳】

「不簡多聞持浄戒」というのは、「多聞」とは、聖教を広く多く聞き、信じることである。「持」は、「たもつ」ということである。「たもつ」というのは、習い学ぶ心を失わず、散漫にならないことである。「浄戒」とは、大乗・小乗のさまざまな戒律のことであり、五戒、八戒、十善戒、小乗の具足戒、三千の威儀、六万の斎行、『梵網経』に説かれる五十八戒、大乗一心金剛法戒、三聚浄戒、大乗の具足戒など、出家のものや在家のものが守るすべての戒律をいう。そしてこれらをたもつことを「持」というのである。このようなさまざまな戒律をたもってい る立派な人々であっても、本願他力の真実の信心を得て、はじめて真実の浄土に往生を遂げることができるのである。自らの力によってそれぞれが戒律を守ることで得る善根、それぞれの自力の信心や自力の善根では、真実の浄土には生れることができないというのである。

【講　読】

「行巻」の引用においては、「多聞《たもん》と浄戒《じょうかい》を持《たも》てるとを簡《えら》ばず」（『註釈版聖典』一七三頁）とある。多聞の人と戒律をたもてる人とをあげて、弥陀の本願はこれらの人々を簡ばず、他力の信心を決定すれば、報土に往生せしめられることを説示せられる一段である。

「多聞」を「聖教をひろくおほくきき、信ずるなり」と釈されてある。「聞」を「きき、信ずる」と解されている。単に広く多くきくのみでなく、心に信ずる聞信の意で宗祖は解されている。「持」を「たもつ」と訓じ、「たもつ」の意味を「ならひまなぶこころをうしなはず、ちらさぬなり」と釈されている。習い学ぶこころを忘れず、散らさないという意味である。「持」を「不散不失」の意で解されている。「化巻」の『阿弥陀経』の隠顕釈に「執持」を解されて「〈持《じ》〉の言《ごん》は不散不失《ふさんふしつ》に名《な》づくるなり」（『註釈版聖典』三九八頁）と説示されているのと同意である。戒をとりたもち、失わず、散らさずに相続することである。

以下、大乗・小乗のもろもろの戒律について列挙されている。「五戒」とは、①不殺生戒、②不偸盗戒、③不邪淫戒、④不妄語戒、⑤不飲酒戒で、在家の守るべき戒である。「八戒」とは、上記の五戒に、不坐高広大床戒・不著花鬘瓔珞戒・不習歌舞戯楽戒の衣食住の三戒を加えたものである。

「十善戒」とは、①不殺生戒、②不偸盗戒、③不邪婬戒、④不妄語戒、⑤不悪口戒、⑥不両舌戒、⑦不綺語戒、⑧不貪欲戒、⑨不瞋恚戒、⑩不邪見戒である。

「小乗の具足衆戒」とは、比丘の二百五十戒・比丘尼の三百四十八戒をいう。「三千の威儀」とは、比丘の二百五十戒を行・住・坐・臥の四威儀に配すると一千になり、これに過去・現在・未来の三世にわたり繰り返すと三千になる。「六万の斎行」とは、斎行は心を洗いそそぐ清浄な戒行の意で、数多くの戒行の意であろう。『梵網』の五十八戒」とは、『梵網経』所説の五十八戒のことである。「大乗一心金剛法戒」とは、『梵網経』に説かれる大乗戒のことである。一心真如を戒体とする。ひとたび得れば永く失しない戒律であるから、金剛戒といわれる。「三聚浄戒」とは、摂律儀戒・摂善法戒・摂衆生戒のこと。「大乗の具足戒」とは、具足戒は比丘比丘尼が教団内で守るべき戒律のことで、いまは小乗にえらんで大乗の具足戒をあげられたものであろう。

かくて「すべて道俗の戒品、これらをたもつを持といふ」といい、上来列挙した出家・在家の戒律をすべてたもつことを「持」というと、本文の「持浄戒」を結釈されている。

そして以上あげた大小乗の戒律をたもてる尊い勝れた人であっても、他力真実の信心を決定してのちに、真実の浄土に往生することができるのであり、自力持戒の善根、自力の信、自力の善では、真実の浄土には往生することはできないと説示されている。他力回向の信は一味であるが、自力の善根功徳、自力の信は人々各別の自力のはからいであるから、宗祖は「おのおのの戒善、おのおのの自力の信等」といわれている。このような自力の信を捨て、他力の信心決定すれば、多聞の人も、持戒の人もなべて平等に報土の往生をとげることができる旨を、宗祖は説示されているのである。

四

【本文】

「不簡破戒罪根深《ふけんはかいざいこんじん》」といふは、「破戒《はかい》」は上《かみ》にあらはすところのよろづの道俗《どうぞく》の戒品《かいほん》をうけて、やぶりすてたるもの、これらをきらはずとなり。「罪根深《ざいこんじん》」といふは、十悪《じゅうあく》・五逆《ごぎゃく》の悪人《あくにん》、謗《ほう》法《ぼう》・闡提《せんだい》の罪人《ざいにん》、おほよそ善根《ぜんごん》すくなきもの、悪業《あくごう》おほきもの、善心《ぜんしん》あさきもの、悪心《あくしん》ふかきもの、かやうのあさましきさまざまの罪《つみ》ふかきひとを「深《じん》」といふ、ふかしといふことばなり。すべてよきひと、あしきひと、たふときひと、いやしきひとを、無碍光仏《むげこうぶつ》の御《おん》ちかひにはきらはずえらばれずこれをみちびきたまふをさきとしむねとするなり。真実信心《しんじつしんじん》をうれば実報土《じっぽうど》に生《うま》るとをしへたまへるを、浄土真宗《じょうどしんしゅう》の正意《しょうい》とすとしるべしとなり。「総迎来《そうこうらい》」は、すべてみな浄土《じょうど》へむかへ率《い》て、かへらしむといへるなり。

（『註釈版聖典』七〇六頁）

【現代語訳】

「不簡破戒罪根深」というのは、「破戒」とは、これまでに示したような出家のものや在家のものの守るべきさまざまな戒律を受けていながら、それを破り、捨ててしまったもののことであり、このようなものを嫌わないというのである。「罪根深」というのは、十悪・五逆の罪を犯した悪人、仏法を謗るものや一闡提などの罪人のことであり、総じて善根の少ないもの、悪い行いの多いもの、善い心が浅いもの、悪い心が深いもの、このような嘆かわしいさまざまな罪深い人のことを「深」といっているのであり、すなわち「深」は「ふかい」という言葉である。総じて、善い人も、悪い人も、身分の高い人も、低い人も、無礙光仏の誓願においては、嫌うことなく選び捨てることなく、これらの人々をみなお導きになることを第一とし、根本とするのである。他力真実の信心を得れば必ず真実の浄土に生れると教えてくださっていることこそ、浄土真実の教えの本意であると知らなければならないというのである。「総迎来」とは、すべてのものをみな浄土へ迎えて連れて行き、法性の都にかえらせるといっているのである。

【講　読】

この一段の宗祖の解釈は、二段に分かたれる。最初は第六句の「破戒」と「罪根深」を釈される一段で、本文の「ふかしといふことばなり」までである。次下の「すべてよきひと」より以下の後半の一段は、第二句の「聞名念我総迎来」より、唯今の第六句までの総釈である。

まず最初の一段であるが、「破戒」を「上にあらはすところのよろづの道俗の戒品をうけて、やぶりすてたるもの」と釈されてある。「上に」とは、前の第五句の一段において記されてある出家・在家の戒法をさす。その戒法を受けて、やぶりすてることを破戒というのである。破戒と捨戒とは異なる。一度戒律を作法に順じて受戒した人が、その戒律を捨てる場合には作法が存する。その作法に順じて捨戒しないで、放逸に戒律を破ることを破戒というのである。しかしかかる破戒の人までも往生せしめたもう阿弥陀仏の本願力のはたらきを「これらをきらはずとなり」と説示し、宗祖は「不簡」の句を釈されているのである。

次に「罪根深」の句であるが、「行巻」では「罪根の深きとを簡ばず」と読まれてある。「罪根」とは、罪業のことである。根とは、発生の義で、草木の根より芽を生じ、枝葉を生ずる如く、罪業より他の罪業を発生する点より、罪根というのである。その罪根深い悪人として、十悪・五逆の悪人、謗法・闡提の悪人をあげられている。そしてさらに広くいえば、これにかぎったことではない。これらおよそ善根の少ないもの、悪業の多いもの、善心あさきもの、悪心深い衆生をすべて網羅して、「罪根深」の中におさめられている。そして「罪根深」の深を解釈して「かやうのあさましきさまざまの罪ふかきひとを深といふ、ふかしということばなり」と説示されている。

次に「すべてよきひと」以下の後半の一段の説示をうかがうに、上記の如く第二句より第六句までの総釈である。

第二句に「聞名念我総迎来」とある。すでに述べた如く、この一句は「聞名念我」のものをすべて浄土に迎えきたらしめ、往生せしめ、救いたもう本願力のはたらきを釈顕されている。「総迎来」とある「総」の字を「ふさねて」、「すべてみな」と釈されていた。そのこころは、凡聖善悪一切の衆生を一人としてもらすことなく、救いたもう本願の万機普益を示すものといえよう。そしてこの万機普益の「総」の具体的な相を、次下の不簡の四句で説示されているのである。

ひるがえって唯今の第六句の総釈の一段を見るに、「すべてよきひと、あしきひと、たふときひと、いやしきひとを、無碍光仏の御ちかひにはきらはずえらばれずこれをみちびきたまふをさきとしむねとするなり」と説示されている。これは不簡の四句を総括して釈されるもので、阿弥陀仏の第十八願は善悪貴賤を簡ばず、一切の衆生をもらさず救いたもうものであることを説示されているのである。第三句より第六句までの不簡の機類を善悪貴賤の四種の機類におさめて合釈されているのである。無碍光仏の本願を信ずれば、いかなる機類といえども、真実の浄土に往生することができる教えが、浄土真宗の正意である旨を釈顕されている。

最後に「総迎来」の句を解釈し、「すべてみな浄土へむかへ率て、かへらしむといへるなり」と結されている。これは上記の如く、宗祖は「総迎来」の「総」の字を開きだし、つぶさに第十八願は万機普益である旨を、不簡の四句で釈せられていた。いまはこれを受けて、もとにかえって、「総迎来」の三字を釈し、第二句より第六句までを一貫して流れる義は、弥陀の本願は、一切衆生の衆機をもらさずたすけたもうを、正意とするところにあることを結釈されたものとうかがうのである。本文中の「すべてみな」とあるものは「総」の字のこころを説示されたものといえよう。

(五)　唯信の一道　―第七句―

【本　文】

「但使回心多念仏《たんしえしんたねんぶつ》」といふは、「但使回心《たんしえしん》」はひとへに回心《えしん》せしめよといふことばなり。「回《え》心《しん》」といふは自力《じりき》の心《しん》をひるがへし、すつるをいふなり。実報土《じっぽうど》に生《うま》るるひとはかならず金剛《こんごう》の信心《しんじん》のおこるを、「多念仏《たねんぶつ》」と申《もう》すなり。「多《た》」は大《だい》のこころなり、勝《しょう》のこころなり、増上《ぞうじょう》のこころなり。大《だい》はおほきなり、勝《しょう》はすぐれたり、よろづの善《ぜん》にまされるとなり、増上《ぞうじょう》はよろづのことにすぐれたるなり。これすなはち他力本願無上《たりきほんがんむじょう》のゆゑなり。自力《じりき》のこころをすつといふは、やうやうさまざまの大小《だいしょう》の聖人《しょうにん》・善悪《ぜんあく》の凡夫《ぼんぶ》の、みづからが身《み》をよしとおもふこころをすて、身《み》をたのまず、あしきこころをかへりみず、ひとすぢに具縛《ぐばく》の凡愚《ぼんぐ》・屠沽《とこ》の下類《げるい》、無碍《むげ》光仏《こうぶつ》の不可思議《ふかしぎ》の本願《ほんがん》、広大智慧《こうだいちえ》の名号《みょうごう》を信楽《しんぎょう》すれば、煩悩《ぼんのう》を具足《ぐそく》しながら無上大涅槃《むじょうだいねはん》にいたるなり。具縛《ぐばく》はよろづの煩悩《ぼんのう》にしばられたるわれらなり、煩《ぼん》は身《み》をわづらはす、悩《のう》はこころをなやますといふ。屠《と》はよろづのいきたるものをころし、ほふるものなり、これはれふしといふものなり。沽《こ》はよろづのものをうりかふものなり、これはあき人《びと》なり。これらを下類《げるい》といふなり。

(『註釈版聖典』七〇七～七〇八頁)

【現代語訳】

「但使回心多念仏」というのは、「但使回心」とは、ひとえに回心しなさいという言葉である。「回心」というのは、自力の心をあらため、捨てることをいうのである。真実の浄土に生れる人には、決して壊れることのない他力の信心が必ずおこるのであり、このことを、「多念仏」というのである。「多」は、「大」の意味であり、「勝」の意味であり、「増上」の意味である。「大」は、「おおきい」ということである。「勝」は、「すぐれている」ということであり、あらゆる善にまさっているということである。「増上」とは、あらゆるものよりすぐれているということである。このことはすなわち、他力本願がこの上なくすぐれているからである。自力の心を捨てるということは、大乗・小乗の聖人、善人・悪人すべての凡夫、そのような色々な人々、さまざまなものたちが、自分自身を是とする思いあがった心を捨て、わが身をたよりとせず、こざかしく自分の悪い心を顧みたりしないことである。それは、※具縛の凡愚・屠沽の下類も、ただひとすじに、思いはかることのできない無礙光仏の本願と、その広く大いなる智慧の名号を信じれば、煩悩を身にそなえたまま、必ずこの上なくすぐれた仏のさとりに至るということである。「具縛」とは、あらゆる煩悩に縛られているわたしたち自身のことである。「煩」は身をわずらわせるということであり、「悩」は心をなやませるということである。「屠」は、さまざまな生きものを殺し、切りさばくものであり、これはいわゆる漁猟を行うもののことである。「沽」はさまざまなものを売り買いするものであり、これは商いを行う人である。これらの人々を「下類」というのである。

※愚縛の凡愚・屠沽の下類

関連する部分を含めて原文を抜き出すと、

やうやうさまざまの大小の聖人・善悪の凡夫の、みづからが身をよしとおもふこころをすて、身をたのまず、あしきこころをかへりみず、ひとすぢに愚縛の凡愚・屠沽の下類、無礙光仏の不可思議の本願、広大智慧の名号を信楽すれば、煩悩を具足しながら無上大涅槃にいたるなり。

であり、このなか、「愚縛の凡愚・屠沽の下類」は、元照《がんじょう》の『阿弥陀経義疏』にある語で、戒度《かいど》の『阿弥陀経聞持記《もんじき》』に、この語を釈して、「愚縛の凡愚」とは二惑の煩悩をすべて持っている者、「屠沽の下類」とは、「屠」は生きものを殺す者、「沽」は酒を商う者であるとしている。これについて親鸞聖人は、

愚縛はよろづの煩悩にしばられたるわれらなり、煩は身をわづらわす、悩はこころをなやますといふ。屠はよろづのいきたるものをころし、ほふるものなり、これはれふしといふものなり。沽はよろづのものをうりかふものなり、これはあき人なり。これらを下類といふなり。

といい、煩悩具足の凡夫、殺生を生業とする猟師・漁師、商人のことであるといわれている。そして、

れふし・あき人、さまざまのものは、みな、いし・かはら・つぶてのごとくなるわれらなり。

といわれ、自らを屠沽の下類のところにおいて、仏の救いを仰いでいかれるのである。また、『五会法事讃』の「能令瓦礫変成金」の文意によって、

れふし、あき人などは、いし・かはら・つぶてなんどを、よくこがねとなさしめんがごとしとたとへたまへるなり。

といい、石・瓦・礫のような私たちが、阿弥陀仏より回向された信心によって、「弥勒に同じ」、「諸仏とひとし」といわれる「こがね」のような尊厳な徳をもつものに転成させられるのだとよろこばれている。

親鸞聖人在世当時の社会は、古代より続いた貴族社会から新興の武士社会に移る時代であり、制度的な差別はなかった。しかし、非常に強い尊卑・貴賤の考え方があり、それが政治的にも、社会的にも複雑なありかたで人々の生活の上に差別を形づくっていた。聖人が、「貴賤緇素《きせんしそ》を簡《えら》ばず、男女・老少をいはず」(『註釈版聖典』二四五頁)と、他力の信心の平等性を述べておられるのも、その当時の社会においては、さまざまなあり方で差別が形づくられていたことを示している。

仏教は、本来差別を否定するものであったにもかかわらず、日本の古代からの仏教の大勢は、その時々の支配権力と結んで社会的な身分差別を容認してきた。そうした歴史的状況の中にあって善悪、賢愚、貴賤をえらばず、万人を平等に摂取したもう阿弥陀仏の本願こそ真実であると信知し、人間がつくりあげた身分や職業の貴賤といった差別を超え、すべての人間の尊厳性と平等性を明確に主張していかれたところに親鸞聖人の教えの特色がみられる。

【『唯信鈔文意（現代語版）』（本願寺出版社）「訳註」より】

【講　読】

一

この第七句は「行巻」では「ただ回心《えしん》して多《おお》く念仏《ねんぶつ》せしむれば」（『註釈版聖典』一七三頁）と読まれている。唯今は「但使回心」と「多念仏」を分釈して、すべての機類が平等に救われていく、唯信の一道を釈顕しようとされる祖意とうかがう。

まず「但使回心」とは、回心は自力の心をひるがえし、捨てることをいう。定散自力心を捨て、他力信心を決定することをいうのである。この金剛の他力信心を発起すると同時に真実の浄土の往生が決定するのである。そしてこの他力金剛の信心より称えあらわす第十八願の念仏を「多念仏」と釈されているのである。真実の念仏は、信心よりおのずと流出する如実修行の相続行である。「実報土に生るるひとはかならず金剛の信心のおこるを、多念仏と申すなり」といい、回心と多念仏とを相離れざる一連のものとして釈されている。真実信心の念仏の行者は、かならず浄土に往生する唯信独達の義を説示されているものといえよう。

そしてさらに「多念仏」の「多」の字を釈されて、「多は大のこころなり、勝のこころなり、増上のこころなり」と説示されている。「多念仏」とは、念仏を数多く称する数量をいうのではない。多善根多福徳の名号を称する点より多念仏というのである。他力回向の名号を信受し、その信心具足の称名念仏であるから、多善根多福徳の念仏である。かかる点より「多」に大と勝と増上の三義をあげられているのである。『選択集』の多善根章を見るに、襄陽の石刻の『阿弥陀経』の文が引かれてある。その文中に念仏を「多善根福徳」と説示されてある。これを解釈して、

ただ多少《たしょう》の義《ぎ》あるのみにあらず。また大小《だいしょう》の義《ぎ》あり。いはく雑善《ぞうぜん》はこれ小善根《しょうぜんごん》なり、念仏《ねんぶつ》はこれ大善根《だいぜんごん》なり。また勝劣《しょうれつ》の義《ぎ》あり。いはく雑善《ぞうぜん》はこれ劣《れつ》の善根《ぜんごん》なり、念仏《ねんぶつ》はこれ勝《しょう》の善根《ぜんごん》なり。その義《ぎ》知《し》るべし。　（『註釈版聖典（七祖篇）』一二七六頁）

と説示されている。雑善は小善根、念仏は大善根、雑善は劣善根、念仏は勝善根と解されている。いまはこの義に立脚して、真実信心の称名には諸行雑善に比し、大と勝の功徳が存することを説示されたものとうかがうのである。増上の義であるが、「行巻」引用の『十住毘婆娑論』を見るに、増上縁を釈して、

信力増上《しんりきぞうじょう》はいかん。聞見《もんけん》するところありてかならず受《う》けて疑《うたが》なければ増上《ぞうじょう》と名《な》づく、殊勝《しゅしょう》と名《な》づくと。　（『註釈版聖典』一五一頁）

この文は一般的には「聞見するところありてかならず受けて疑ひなきに名づく。増上とは殊勝に

名づく」と読まれる。念仏は万行万善に勝れて、殊勝の功徳を具足していることを増上の義を加えて、「多」の字の意味を明らかにされているのである。

以上の分釈を受けて、諸善万行に超え勝れて、大・勝・増上の三義を具足する多念仏の流行する根源を説示して、「これすなはち他力本願無上のゆゑなり」と結されているのである。阿弥陀仏は、その本願において衆生済度の法として、正覚の果徳全体を円満した名号法を成就せられたのであり、その果徳全現の名号を回向したもうのである。その名号を聞信した真実信心より流出する称名であればこそ、諸善万行に超え勝れた広大の功徳を具足する念仏であることを釈顕されているのである。

二

上来は第七句の文言を、字句に即して釈されたが、以下の「自力のこころをすつといふは」より以下は、自力のこころをひるがえす回心の具体的内容、相を釈される一段である。

すなわち「やうやうさまざまの大小の聖人・善悪の凡夫の、みづからが身をよしとおもふこころをすて、身をたのまず、あしきこころをかへりみず、ひとすぢに具縛の凡愚・屠沽の下類、無碍光仏の不可思議の本願、広大智慧の名号を信楽すれば、煩悩を具足しながら無上大涅槃にいたるなり」

といい、回心のあかつきには、なべて平等に救われていく、唯信の一道が説示されている。いろいろさまざまな大乗、小乗の聖人も、善人であれ悪人であれ、わが身を善しとする自力心を捨て、わが身の力をたのみにする自力のはからいを捨て、自身の悪しきこころをかえりみて、かかるあさましき身で浄土に往生できるだろうかと、小賢しく卑下するこころを捨て、ひたすらに具縛の凡愚であれ、屠沽の下類であれ、本願の名号を信楽すれば、煩悩具足のまま浄土に往生し、無上涅槃を証することができるのである、と説示されている。自力心を捨て、金剛の信心決定せば、いかなる機類といえども、なべて平等に救われていく、無碍の唯信の大道を釈顕されているのである。

三

そして、宗祖は以下において、具縛の凡愚、屠沽の下類について詳説し、御自身を同致せしめ、本願の平等無碍の救いを仰がれているのである。「具縛の凡愚」、「屠沽の下類」は、「信巻」の菩提心釈に引用されている元照の『阿弥陀経義疏』に出されている、

念仏法門《ねんぶつほうもん》は、愚智《ぐち》・豪賎《ごうせん》を簡《えら》ばず、久近《くごん》・善悪《ぜんあく》を論《ろん》ぜず、ただ決誓猛信《けつせいみょうしん》を取《と》れば、臨終悪相《りんじゅうあくそう》なれども、十念《じゅうねん》に往生《おうじょう》す。これすなはち具縛《ぐばく》の凡愚《ぼんぐ》、屠沽《とこ》の下類《げるい》、刹那《せつな》に超越《ちょうおつ》する成仏《じょうぶつ》の法《ほう》

なり。世間甚難信《せけんじんなんしん》といふべきなり。

（『註釈版聖典』二四七～二四八頁）

大信心を讃嘆する要文として、宗祖はご引用である。信心の大道は、刹那超越の成仏法であり、具縛の凡愚、屠沽の下類といえども、もらさぬ無碍の一道である旨が釈顕されている。

『唯信鈔文意』において、「具縛」を宗祖は「具縛はよろづの煩悩にしばられたるわれらなり、煩は身をわづらはす、悩はこころをなやますといふ」と釈されている。「屠沽」を宗祖は「屠はよろづのいきたるものをころし、ほふるものなり、これはれふしといふものなり。沽はよろづのものをうりかふものなり、これはあき人なり。これらを下類といふなり」と釈されている。

この屠沽の解釈は、上記「信巻」菩提心釈下引用の元照疏の次下に引用される戒度の『阿弥陀経聞持記』に出される釈文によられている。戒度は元照の弟子であり、『阿弥陀経聞持記』は元照の『阿弥陀経義疏』を釈した書である。屠とは、生きものを殺し生活をする猟師、漁師の人々のことであり、沽は『阿弥陀経聞持記』によれば、「沽は醞売」と釈されている。醞売とは、酒を醸造して売ることをいう。聖人はこれを受けて、商いをする人と釈されている。そして「これらを下類といふなり」といわれている。当時、殺生を職業としている猟師や漁師は、仏教でいう在俗信者の五戒の戒法の初めに置かれる不殺生戒をおかすものというべく、また商人は利を追求するところより言葉を弄するものであり、かかる点より下類といわれていたのである。

しかしながら、さきにも述べた如く、聖人は自分を「具縛の凡愚・屠沽の下類」と同致せしめておられる。人間平等の聖人のご教示をいただくのである。

次下の「能令瓦礫変成金」の釈文において、「れふし・あき人、さまざまのものは、みな、いし・かはら・つぶてのごとくなるわれらなり」と説示されている。猟師や商人など、さまざまな人々、みなすべて瓦や小石のごとき存在であり、それが私ども凡夫の現実であることを明瞭に教示されているのである。聖人のご教示は一貫している。

さらに『歎異抄』の第十三条をいただくと、次のごとき聖人の言葉が収録されている。

また、「海《うみ》・河《かわ》に網《あみ》をひき、釣《つり》をして、世《よ》をわたるものも、野山《のやま》にししをかり、鳥《とり》をとりて、いのちをつぐともがらも、商《あきな》ひをし、田畠《でんばく》をつくりて過《す》ぐるひとも、ただおなじことなり」と。「さるべき業縁《ごうえん》のもよほさば、いかなるふるまひもすべし」とこそ、聖人《しょうにん》（親鸞）は仰《おお》せ候《そうら》ひしに……。（『註釈版聖典』八四四頁）

人は身分・職業の如何を問わず、なべて「おなじことなり」といい、人間平等の立場より、凡夫としてのおのが人間の裸性を見つめておられるのである。そして本願の正機は、「具縛の凡愚・屠沽の下類」であるわれらであるといただき、阿弥陀仏の平等無碍の大悲を仰がれているのである。

私たちは、聖人の導きをこころして感佩すべきであると思う。

（六）　変成金　―第八句―

【本　文】

「能令瓦礫変成金《のうりょうがりゃくへんじょうこん》」といふは、「能《のう》」はよくといふ、「令《りょう》」はせしむといふ、「瓦《が》」はかはらといふ、「礫《りゃく》」はつぶてといふ。「変成金《へんじょうこん》」は、「変成《へんじょう》」はかへなすといふ、「金《こん》」はこがねといふ。かはら・つぶてをこがねにかへなさしめんがごとしとたとへたまへるなり。れふし・あき人《びと》、さまざまのものは、みな、いし・かはら・つぶてのごとくなるわれらなり。如来《にょらい》の御《おん》ちかひをふたごころなく信楽《しんぎょう》すれば、摂取《せっしゅ》のひかりのなかにをさめとられまゐらせて、かならず大涅槃《だいねはん》のさとりをひらかしめたまふは、すなはちれふし・あき人《びと》などは、いし・かはら・つぶてなんどをよくこがねとなさしめんがごとしとたとへたまへるなり。摂取《せっしゅ》のひかりと申《もう》すは、阿弥陀仏《あみだぶつ》の御《おん》こころにをさめとりたまふゆゑなり。文《もん》のこころはおもふほどは申《もう》しあらはし候《そうら》はねども、あらあら申《もう》すなり。ふかきことはこれにておしはからせたまふべし。

（『註釈版聖典』七〇八頁）

【現代語訳】

「能令瓦礫変成金」というのは、「能」は「よく」ということであり、「令」は「させる」ということであり、「瓦」は「かわら」ということであり、「礫」は「つぶて」ということである。「変成金」とは、「変成」は「かえてしまう」ということであり、「金」は「こがね」ということである。つまり、瓦や小石を金に変えてしまうようだとたとえておられるのである。漁猟を行うものや商いを行う人など、さまざまなものとは、いずれもみな、石や瓦や小石のようなわたしたち自身のことである。如来の誓願を疑いなくひとすじに信じれば、摂取の光明の中に摂め取られて、必ず大いなる仏のさとりを開かせてくださる。すなわち、漁猟を行うものや商いを行う人などは、石や瓦や小石などを見事に金にしてしまうように救われていくのである、とたとえておられるのである。摂取の光明とは、阿弥陀仏のお心に摂め取ってくださるから、そのようにいうのである。この文の意味は、十分にいい表すことができていないけれども、大体のところを述べた。深いところは、これらのことからお考えいただきたい。

【講　読】

「能令」を釈して、「能はよくといふ、令はせしむといふ」といい、本願他力の超勝性を詮顕されている。「瓦礫」である「かはら・つぶて（小石）」をただちに金にかえなすことは不可能なことである。具縛の凡愚・屠沽の下類のわれらは、無有出離之縁の存在であり、到底、仏になり得ない地獄一定の存在でしかありえない。しかしながら、「かはら・つぶて」を黄金にかえなす如く、本願他力の救いは、「いし・かはら・つぶて」のごときわれらをして、無上涅槃のさとりをひらかしめたもうのである。すなわち瓦礫を黄金にかえなす如く、如来の本願を二心なく信ずるところ、地獄一定のわれらは、摂取の光明の中に摂めとられ、当来には浄土に往生して無上涅槃のさとり、黄金のごとき弥陀同体のさとりを開かしめたもうのである。

聖人は、私ども凡夫が救いとられていく「摂取のひかり」を「阿弥陀仏の御こころ」と説明されている。摂取の光明に摂めとられることは、とりもなおさず阿弥陀仏のお慈悲のふところに摂めとられているのである。

かくて本一段は、瓦礫のごとき煩悩具足の凡夫のまま、現生では正定聚の益を得、当来には浄土に往生し、煩悩即菩提と無上涅槃の仏果を証せしめたもう、本願他力の超勝性を讃仰せられる思召とうかがうのである。

最後に「文のこころはおもふほどは申しあらはし候はねども、あらあら申すなり。ふかきことはこれにておしはからせたまふべし」と結ばれている。これは上来、「彼仏因中立弘誓」の第一句から、唯今の第八句までを一句ずつだいたい釈したが、まだ十分には意をつくしていない。深い義趣を知りたければ、この文意の釈を通しておしはかってくださいという、聖人の言葉である。

(七)　慈愍三蔵の小伝

【本　文】

この文《もん》は、慈愍三蔵《じみんさんぞう》と申《もう》す聖人《しょうにん》の御釈《ごしゃく》なり。震旦《しんたん》（中国）には恵日三蔵《えにちさんぞう》と申《もう》すなり。

（『註釈版聖典』七〇八頁）

【現代語訳】

この文は、慈愍三蔵といわれる聖人の御文である。中国では慧日三蔵といわれている。

【講　読】

上来釈された八句の偈の作者である慈愍三蔵（六八〇～七四八）の小伝である。『宋高僧伝』（巻第二九、大正蔵経五〇）等によれば、唐朝の人で、俗姓は辛氏、名は恵日。当時の仏教交流はインドより中国に来る僧のみでなく、逆に中国僧も南海経由で入竺している。義浄三蔵がインドより帰朝したのにならい、嗣聖十九年（七〇二）南海諸国を経てインドに入り、十八年を要して七十余国をめぐり、開元七年（七一九）長安に帰っている。将来した経論も多数である。玄宗は慈愍三蔵の号をたまわった。つねに浄土の業を修し、天宝七年（七四八）に六十九歳で洛陽罔極寺に寂している。

法然聖人の『選択集』二門章に、中国浄土教に、廬山慧遠法師と慈愍三蔵と道綽・善導大師の三家の別があることを記している。

慈愍三蔵の現存する著作としては、『略諸経論念仏法門往生浄土集巻上』（一巻、大正蔵経八五）が残っている。三巻のうち上巻のみであり、「一名慈悲集」とも称せられることが註せられてある。この他、法照禅師の『五会念仏略法事儀讃』（大正蔵経四七）の中に慈愍の『般舟三昧讃』、同じく法照の『五会念仏誦経観行儀』（大正蔵経八五）の中に慈愍の『厭此娑婆願生浄土讃』『西方讃』が収録されている。

慈愍三蔵は主として善導大師の説を受け、西方を願生している。称名念仏による浄土往生を期し、特に般舟三昧の行を重んじ、速やかに成仏するのは浄土一門にある旨を詮顕している。

第五章　往生成仏の要法

(一)『法事讃』の偈頌

【本　文】

極《ご》楽《くらく》無《む》為《い》涅《ね》槃《はん》界《がい》　随《ずい》縁《えん》雑《ぞう》善《ぜん》恐《く》難《なん》生《しょう》
故《こ》使《し》如《にょ》来《らい》選《せん》要《よう》法《ぼう》　教《きょう》念《ねん》弥《み》陀《だ》専《せん》復《ぶ》専《せん》

（『註釈版聖典』七〇九頁）

【現代語訳】

『法事讃』に、「極楽無為涅槃界　随縁雑善恐難生　故使如来選要法　教念弥陀専復専（極楽は無為涅槃の界なり。随縁の雑善おそらくは生じがたし。ゆゑに如来、要法を選びて、教へて弥陀を念ぜしめて、もつぱらにしてまたもつぱらならしめたまへり）」といわれている。

【講　読】

一

本文は善導大師の『法事讃』の偈である。宗祖の上においては「真仏土文類」と「化身土文類」に引用されている。『本典』の上での両所の訓点は同じである。「真仏土文類」を見るに次の通りである。

「極楽《ごくらく》は無為涅槃《むいねはん》の界《かい》なり。随縁《ずいえん》の雑善《ぞうぜん》おそらくは生《しょう》じがたし。ゆゑに如来《にょらい》（釈尊）要法《ようぼう》を選《えら》びて、教《おし》へて弥陀《みだ》を念《ねん》ぜしめてもつぱらにしてまたもつぱらならしめたまへり」と。

（『註釈版聖典』三六九頁）

「真仏土文類」の引用の趣意は、極楽は無為涅槃界であることを証するところに力点を置かれての引用とうかがう。そしてこの浄土へは、自力の雑善では往生できず、名号の専修によってのみ可能であることを説示し、凡夫入報を証せられたものといえよう。

これに対し「化身土文類」の引用であるが、真門釈下に引かれている。この『法事讃』の文は『阿弥陀経』の修因段を釈するものである。涅槃界である極楽への往生の因として、雑善を廃して念仏を立てるのである。しかし『阿弥陀経』の修因段の「執持名号」は隠顕を含むものであり、顕の義では、自力心でもって名号を称し、この功徳善根で浄土を願生するもので、第二十願の真門の自力念仏である。隠の義では、弘願の他力念仏である。すなわち「化身土文類」において、宗祖は次の如く説示されている。

『経《きょう》』(小経)に「執持《しゅうじ》」とのたまへり。また「一心《いっしん》」とのたまへり。「執《しゅう》」の言《ごん》は心堅牢《しんけんろう》にして移転《いてん》せざることを彰《あらわ》すなり。「持《じ》」の言《ごん》は不散不失《ふさんふしつ》に名《な》づくるなり。「一《いち》」の言《ごん》は無二《むに》に名《な》づくるの言《みこと》なり。「心《しん》」の言《ごん》は真実《しんじつ》に名《な》づくるなり。(『註釈版聖典』三九八頁)

『経』の「執持名号……一心不乱」の文を隠の弘願真実の面より釈顕されているのである。「化身土文類」の真門釈に、この『阿弥陀経』修因段を釈する唯今の『法事讃』の文が引用されている引意をうかがうに、隠顕両面を含む真門の証文としてである。無為涅槃界たる極楽への往生の因として名号が選び取られているのである。この名号法は弘願他力である。しかしこの名号を執持するにあたり、自力の一心をおびるものもあるから、隠顕両面にわたるのである。

「専復専」は専修の行と専念の心であるが、隠の義よりいえば、一心一行の弘願というべく、顕の義よりせば、自力の称名と自力の一心と解せられる。かかる点より、真門の証文として宗祖は「化身土文類」に引用されたとうかがうのである。しかし顕の義は、あくまでも従仮入真の法であり、自力念仏の帰するところは、弘願真実の一心一行の他力念仏にあることは言をまたない。

いま『唯信鈔文意』所釈の『法事讃』の文は、弘願真実の立場よりのご引用である。後述する如く、「教念弥陀専復専」を釈するにあたり、「専復専」を一行一心と釈し、その一心を「この一心は横超の信心なり」と解されている点よりも明らかである。

二

この『法事讃』の文は、聖覚法印の『唯信鈔』に引用されている。すでに詳論している如く、聖覚法印は『唯信鈔』において、念仏往生の門について専修と雑修の二行を分かっている。

専修とは、弥陀一仏以外の余の仏・菩薩を念ぜず、弥陀の本願を信じ、弥陀の名を称え、余行をまじえないことをいうのである。これに対して雑修とは、弥陀念仏を行ずれども、兼ねて弥陀以外の余仏・余菩薩を信じ、念仏以外の余行・余善をまじえ修することをいうのである。聖覚法印は、この専修と雑修の二について、雑修を誡め専修念仏をすすめて、善導大師の『往生礼讃』取意の文をあげている。すなわち専雑得失の文である。雑修の者は、千の中一人も浄土に往生することはできない。専修の者は、百は百ながら、千は千ながらすべて浄土に往生する旨を述べ、専雑二修の得失を決せられているのである。

聖覚法印はこの文の次に『法事讃』の唯今の文を引用されているのである。したがって聖覚法印が『法事讃』の文を引用される目的は、自力雑善の雑修を否定し、専修専念の弥陀念仏一行をすすめる証文としてである。聖覚法印はこの引文の次下に、そのこころを述べて、譬喩をあげて説明している。主君への忠節について、二心あるのと一心とは天地の差があると比較し、両者の勝劣を明らかにしている。一向専修の念仏を主張する聖覚法印の教学的立場を見るのである。かくて『法事讃』の文は、専修と雑修の廃立を説示する証文として聖覚法印は引抄されているとうかがうのである。

これを受けて、親鸞聖人は浄土への往生成仏の一道は本願の名号を仰ぐ他力念仏にあることを『法事讃』の偈頌を通して釈顕されているのである。

(二)　極楽無為涅槃界　—第一句—

(イ)　浄土の徳

【本文】

「極楽無為涅槃界《ごくらくむいねはんがい》」といふは、「極楽《ごくらく》」と申《もう》すはかの安楽浄土《あんらくじょうど》なり、よろづのたのしみつねにして、くるしみまじはらざるなり。かのくにをば安養《あんにょう》といへり、曇鸞和尚《どんらんかしょう》は、「ほめたてまつりて安養《あんにょう》と申《もう》す」とこそのたまへり。また『論《ろん》』（浄土論）には「蓮華蔵世界《れんげぞうせかい》」ともいへり、「無為《むい》」ともいへり。「涅槃界《ねはんがい》」といふは無明《むみょう》のまどひをひるがへして、無上涅槃《むじょうねはん》のさとりをひらくなり。「界《かい》」はさかひといふ、さとりをひらくさかひなり。大涅槃《だいねはん》と申《もう》すにその名《な》無量《むりょう》なり、くはしく申《もう》すにあたはず、おろおろその名《な》をあらはすべし。「涅槃《ねはん》」をば滅度《めつど》といふ、無《む》為《い》といふ、安楽《あんらく》といふ、常楽《じょうらく》といふ、実相《じっそう》といふ、法身《ほっしん》といふ、法性《ほっしょう》といふ、真如《しんにょ》といふ、一如《いちにょ》といふ、仏性《ぶっしょう》といふ。仏性《ぶっしょう》すなはち如来《にょらい》なり。

（『註釈版聖典』七〇九頁）

【現代語訳】

「極楽無為涅槃界」について、「極楽」というのは阿弥陀仏の安楽浄土のことである。そこではあらゆる楽しみが絶えることなく、苦しみがまじらないのである。その国を安養といわれる。それで曇鸞大師は『讃阿弥陀仏偈』に「浄土をほめたたえて安養と申しあげる」と述べておられる。また、『浄土論』には「蓮華蔵世界」ともいわれている。そして、「無為」ともいわれている。「涅槃界」というのは、無明の迷いを転じてこの上ない涅槃のさとりを開くのであり、「界」は世界ということであって、浄土はさとりを開く世界なのである。大涅槃について、これを表す言葉は数限りなくある。詳しくいうことはできないが、いくつかその名を挙げてみよう。「涅槃」のことを滅度といい、無為といい、安楽といい、常楽といい、実相といい、法身といい、法性といい、真如といい、一如といい、仏性という。仏性はすなわち如来である。

【講　読】

一

まず弥陀の極楽の異名として、安楽・安養・蓮華蔵世界の名があげられている。このなか極楽と安楽と安養の三名は、「浄土三部経」に出てくる弥陀の浄土の異名である。極楽とは『阿弥陀経』に、

これより西方《さいほう》に、十万億《じゅうまんおく》の仏土《ぶつど》を過《す》ぎて世界《せかい》あり、名《な》づけて極楽《ごくらく》といふ。その土《ど》に仏《ぶつ》まします、阿弥陀《あみだ》と号《ごう》す。いま現《げん》にましまして法《ほう》を説《と》きたまふ。舎利弗《しゃりほつ》、かの土《ど》をなんがゆゑぞ名《な》づけて極楽《ごくらく》とする。その国《くに》の衆生《しゅじょう》、もろもろの苦《く》あることなく、ただもろもろの楽《らく》を受《う》く。ゆゑに極《ごく》楽《らく》と名《な》づく。（『註釈版聖典』一二二頁）

と説示されている。この経文中に「もろもろの苦あることなく、ただもろもろの楽を受く」とある。これを受けて、宗祖は極楽の荘厳相を「よろづのたのしみつねにして、くるしみまじはらざるなり」と釈されているのである。

安楽・安養の二名は、『大無量寿経』に出ている。安楽については、

三途苦難《さんずくなん》の名《な》あることなく、ただ自然快楽《じねんけらく》の音《こえ》のみあり。このゆゑに、その国《くに》を名《な》づけて安楽《あんらく》といふ。

（『註釈版聖典』三六頁）

とあるものであり、安養については、同じく「還《かえ》りて安養国《あんにょうこく》に到《いた》る」（『註釈版聖典』四六頁）とも、「かならず超絶《ちょうぜつ》して去《す》つることを得《え》て安養国《あんにょうこく》に往生《おうじょう》して」（『註釈版聖典』五四頁）等とある。安養の名義は心に少しの悩みもなく、つねに安穏なることを「安」というのであり、「養」とは身に少しの苦もなくつねに楽を受けて身をやしなう意である。この安養を「曇鸞和尚は、〈ほめたてまつりて安養と申す〉とこそのたまへり」と宗祖は釈されている。

曇鸞大師の『讃阿弥陀仏偈』冒頭に、

南無阿弥陀仏《なもあみだぶつ》　釈《しゃく》して無量寿《むりょうじゅ》と名《な》づく。『経《きょう》』（大経）に傍《そ》へて奉讃《ぶさん》す。また安養《あんにょう》ともいふ。

（『註釈版聖典（七祖篇）』一六一頁）

とある。これを受けて、宗祖は「真仏土文類」と『浄土和讃』に次の如く読まれている。

南無阿弥陀仏《なもあみだぶつ》　釈《しゃく》して『無量寿傍経《むりょうじゅぼうきょう》』と名《な》づく、讃《ほ》めたてまつりてまた安養《あんにょう》といふ。

（『註釈版聖典』五五六頁）

その意味するところは、南無阿弥陀仏の名号の徳を讃嘆した『讃阿弥陀仏偈』は、経論釈の分類では釈にあたるが、その内容よりいえば、宗祖は経格に準じて評価せられていたものと考えられる。

かかる点より『無量寿傍経』と訓じられたものとうかがうのである。

また『讃阿弥陀仏偈』は『無量寿経』により仏徳を讃嘆したものであり、仏徳の讃嘆はそのまま安楽浄土、安養の国土の讃嘆に外ならないから、『安養偈』と称することもできるという意味である。この仏国を讃じて安養と説かれている曇鸞大師の註解を受けて、宗祖は「曇鸞和尚は、〈ほめたてまつりて安養と申す〉とこそのたまへり」と釈し、相承の釈をあげて極楽の異名を釈されたものとうかがうのである。

次に浄土の異名として、蓮華蔵世界の名があげられている。これは天親菩薩の『浄土論』の五功徳門を説く中、第三の宅門に蓮華蔵世界の名があげられている。また「正信偈」に「得至蓮華蔵世界」といい、西方浄土の別名として讃嘆されている。本来、蓮華蔵世界とは、『華厳経』『梵網経』に盧舎那仏の浄土として説示されている。宗祖は安楽浄土の別名としてあげられ、弥陀の浄土の土徳を讃仰されているのである。

さらに第一句の偈頌は、「極楽は無為涅槃界なり」と読み、偈本来の意味は、極楽の証果として無為涅槃界が説示されていたのであるが、宗祖は無為と涅槃界とを極楽の異名としてあげられている。無為は有為に対する。有為とは、為は造作の意で、生滅流転の迷界を意味する。無為とは生滅を絶した不生不滅のさとりの世界である。この無為の世界はそのまま涅槃の世界である。「涅槃界といふは無明のまどひをひるがへして、無上涅槃のさとりをひらくなり。界はさかひといふ、さとりをひらくさかひなり」と釈されている。無明の迷いを転じて無上涅槃の仏果を証する世界が涅槃界である旨を釈し、西方の浄土に往生せば、往生即成仏と仏同体のさとりがめぐまれることを詮顕されているのである。

二

そしてこの大涅槃に無量の名があるとし、涅槃の異名として、十一の名をあげられている。

滅度―生死の煩悩を滅したさとりの世界。

無為―生滅を絶したさとりの世界。

安楽―『論註』上巻の清浄功徳を釈する文中に、畢竟安楽大清浄処とある。

常楽―涅槃の常楽我浄の四徳中、初二徳をあげて浄土の徳相を示す。

実相―万有の不変の真実の相。

法身―真如の理体。『浄土論』では、真実智慧無為法身とある。本有の法性をさとりあらわした仏身のこと。

法性―諸法の体性。
真如―万有の根源的真理。「玄義分」に「法性真如海」と出されている。
一如―分別を超えた真実の智（実智）によりさとられる万有の真相、真如の理のこと。
仏性―衆生にあっては、仏になるべき因性、如来蔵のこと、果位においては仏陀の本性。
如来―果位において、煩悩が滅し本有の真如法性を証得せる仏身をいう。仏十号の一。

この如来の説明において、宗祖は「仏性すなはち如来なり」と釈されている。これは因位のとき隠れてある仏性、真如法性が果上にいたって顕現したところが、法身如来に他ならないことを説示するものである。聖道門においては、此土において、仏道修行を通して断惑証理して仏性を開顕するのである。これに対し浄土門においては、凡地において仏性を開顕することはできない。仏の願力により、浄土に往生して本有仏性を開顕して涅槃の妙果を証するのである。「真仏土文類」に、

惑染《わくぜん》の衆生《しゅじょう》、ここにして性《しょう》（仏性）を見《み》ることあたはず、煩悩《ぼんのう》に覆《おお》はるるがゆゑに。……安楽《あんらく》仏国《ぶっこく》に到《いた》れば、すなはちかならず仏性《ぶっしょう》を顕《あらわ》す。本願力《ほんがんりき》の回向《えこう》によるがゆゑに。
（『註釈版聖典』三七一頁）

と教示されている。また『浄土和讃』に「如来《にょらい》すなはち涅槃《ねはん》なり　涅槃《ねはん》を仏性《ぶっしょう》となづけたり　凡地《ぼんじ》にしてはさとられず　安養《あんにょう》にいたりて証《しょう》すべし」（『註釈版聖典』五七三頁）と讃ぜられている。同

一の趣意というべく、凡夫位における仏になるべき因性である仏性を、私たちは浄土に往生し、本願力により開顕せしめられ、弥陀如来と同体の仏果を証せしめられるのである。因位における仏性が果上にいたって開顕された世界が、法身如来の証果である。このことを「仏性すなはち如来なり」と、宗祖は釈されたものとうかがうのである。

(ロ) 信心仏性と二種法身

【本　文】

この如来《にょらい》、微塵世界《みじんせかい》にみちみちたまへり、すなはち一切群生海《いっさいぐんじょうかい》の心《しん》なり。この心《しん》に誓願《せいがん》を信楽《しんぎょう》するがゆゑに、この信心《しんじん》すなはち仏性《ぶっしょう》なり、仏性《ぶっしょう》すなはち法性《ほっしょう》なり、法性《ほっしょう》すなはち法身《ほっしん》なり。法身《ほっしん》はいろもなし、かたちもましまさず。しかれば、こころもおよばれず、ことばもたえたり。この一如《いちにょ》よりかたちをあらはして、方便法身《ほうべんほっしん》と申《もう》す御《おん》すがたをしめして、法蔵比丘《ほうぞうびく》となのりたまひて、不可思議《ふかしぎ》の大誓願《だいせいがん》をおこしてあらはれたまふ御《おん》かたちをば、世親菩薩《せしんぼさつ》（天親）は「尽十方無碍光如来《じんじっぽうむげこうにょらい》」となづけたてまつりたまへり。この如来《にょらい》を報身《ほうじん》と申《もう》す、誓願《せいがん》の業因《ごういん》に報《むく》ひたまへるゆゑに報身如来《ほうじんにょらい》と申《もう》すなり。報《ほう》と申《もう》すはたねにむくひたるなり。この報身《ほうじん》より応《おう》・化等《けとう》の無量無数《むりょうむしゅ》の身《しん》をあらはして、微塵世界《みじんせかい》に無碍《むげ》の智慧光《ちえこう》を放《はな》たしめたまふゆゑに尽十《じんじっ》方無碍光仏《ぽうむげこうぶつ》と申《もう》すひかりにて、かたちもましまさず、いろもましまさず、無明《むみょう》の闇《やみ》をはらひ、悪業《あくごう》にさへられず、このゆゑに無碍光《むげこう》と申《もう》すなり。無碍《むげ》はさはりなしと申《もう》す。しかれば阿弥陀《あみだ》仏《ぶつ》は光明《こうみょう》なり、光明《こうみょう》は智慧《ちえ》のかたちなりとしるべし。

（『註釈版聖典』七〇九頁）

【現代語訳】

この如来は、数限りない世界のすみずみにまで満ちわたっておられる。すなわちすべての命あるものの心なのである。この心に誓願を信じるのであるから、この信心はすなわち仏性であり、仏性はすなわち法性であり、法性はすなわち法身である。法身は色もなく、形もない。だから、心にも思うことができないし、言葉にも表すことができない。この一如の世界から形をあらわして方便法身というおすがたを示し、法蔵菩薩と名乗られて、思いはかることのできない大いなる誓願をおこされたのである。このようにしてあらわれてくださったおすがたのことを、世親菩薩は「尽十方無礙光如来」とお名づけになったのである。この如来を報身といい、誓願という因に報い如来となられたのであるから、報身如来と申しあげるのである。「報」というのは、因が結果としてあらわれるということである。この報身から応身・化身などの数限りない仏身をあらわして、数限りない世界のすみずみにまで、何ものにもさまたげられない智慧の光を放ってくださるから、「尽十方無礙光如来」といわれる光であって、形もなく色もないのである。この光は無明の闇を破り、罪悪にさまたげられることもないので、「無礙光」というのである。「無礙」とは、さわりがないということである。このようなわけで、阿弥陀仏は光明であり、その光明は智慧のすがたであると知らなければならない。

【講　読】

一

「極楽無為涅槃界」の偈頌の釈文の一段は、大別して二段に分かたれる。上述の如く、前段は涅槃の異名を列挙して、その浄土の徳を讃嘆されている。唯今の後段においては、信心仏性と二種法身について釈し、衆生を済度したもう弥陀仏身の徳を讃仰されているのである。

まず「この如来、微塵世界にみちみちたまへり、すなはち一切群生海の心なり。この心に誓願を信楽するがゆゑに、この信心すなはち仏性なり、仏性すなはち法性なり、法性すなはち法身なり」

と説示されている。

「この如来」とは、直前の「仏性すなはち如来なり」とある文言を受けての展開である。すでに解説しておいた如く、凡夫である私どもにおいては、煩悩のために、真如法性、仏になるべき因性である仏性は顕現していない。法性無功である。この凡夫位における仏性が、果上、浄土において顕現したのが、法身如来の証果である。この釈意を受けて、宗祖は「この如来」といわれるのであって、「如来」とは法性、法身のことである。この法性、真如の理性は、宇宙に遍満しているのであって、万有諸法の体性である。このことを、「この如来、微塵世界にみちみちたまへり」と釈されているのである。

「一切群生海の心なり」とある文は、『涅槃経』にも説示されてある如く、「一切衆生悉有仏性」の意である。その意味するところは、すべての衆生は仏性を有するが故に、一切成仏するという仏教の根本教理を説示されたものとうかがう。仏性の悉有は、有情、無情に通ずるものであり、かかる視点よりいえば、草木国土悉皆成仏というべく、大乗仏教の至極の展開ということができる。『唯信鈔文意』の異本（『真宗法要』所収本等『真宗聖教全書』六二〇頁）には、「草木国土ことごとくみな成仏すととけり」と説示されている。

二

上来述べた如く、一切衆生に仏性は存すれど、煩悩におおわれてあり、その開顕は浄土においてのみ果たされる。その仏性の開覚を可能にする手だては、仏回向の信心によるほかはないというべきである。

この点について宗祖は、次下に「この心に誓願を信楽するがゆゑに、この信心すなはち仏性なり、仏性すなはち法性なり、法性すなはち法身なり」と説示されている。「この心」とは、上の「一切群生海の心」を承けての展開で、仏性が遍在する、仏性を具有する一切衆生の心である。この仏性を具有する凡夫の心に、弥陀の誓願を信ずるのであり、この信心が因となり、浄土に往生して、本有の仏性を開顕して法性法身を証するのである。

阿弥陀如来は正覚の果徳全体を一名号に成就して、私どもに回向したもうのである。いいかえれば、名号は正覚の果徳の結晶である。仏の正覚の内容は、真如法性の真実性を法蔵菩薩の因位の発願修行により修顕したもうた、全性修起の世界といえよう。この全性修起の真実が、名号法として具体化され、我々凡夫に回向されているのである。この名号の真実を心に領納したのが信心である。まことに信心とは、「如来よりたまはりたる信」である。この信心が往生成仏の因となるのであり、浄土に往生して本有の仏性を開顕するのである。

かかる点より「この信心すなはち仏性なり」と釈され、信心仏性を説示されているのである。仏修顕の真如法性、弥陀仏性の真実が、名号法として回向され、衆生に受容されて、信心仏性として展開しているのである。かかる信心仏性の内容を、宗祖は「仏性すなはち法性なり、法性すなはち法身なり」と釈されているのである。他力回向の信心仏性により、浄土に往生して、仏果を証する趣を説示された一段とうかがうのである。

三

上来は法性法身の一如の法界への遍満と、方便法身たる法蔵の誓願を信楽する信心仏性について釈が展開された。これを受け、宗祖はさらに二種法身について釈して、阿弥陀仏の聖徳を讃仰されている。

『唯信鈔文意』の異本（『真宗聖教全書』六二〇頁）によれば、「しかれば仏について二種の法身まします、ひとつには法性法身とまうす、ふたつには方便法身とまうす」と説示されている。

いわゆる二種法身論は、曇鸞大師の『往生論註』に説示されている。浄入願心章を見るに、広略相入、二種法身論を展開して、浄土の本質構造を明らかにされている。浄土は法蔵菩薩の発願修行により建立された、全性修起の三厳二十九種の浄土であり（広）、この浄土は一法句の真如法性（略）を根底として成立する世界である。浄土は三種荘厳の広の差別相あるまま、即略の無相平等であり、真如法性を体性とする略の無相平等相のまま、即広の差別相である。広即略、略即広である。広の三厳二十九種は仏身仏土の荘厳相であるが、それは全体真如法性の展開であり、真如を本質とする世界である。三種荘厳は一法句の真如におさまるというべきである。

かかる広略相入の浄土の本質構造を具体的に示すものが、二種法身の釈である。法性法身は真如の理体が全顕した法身という意味で、理智不二の仏身であり、方便法身とは衆生を善巧摂化する酬因感果の仏身で悲智不二の仏身をいうのである。

この両者の関係を、曇鸞大師は由生由出・不一不異の二義で説明している。由生由出とは「法《ほっ》性《しょう》法身《ほっしん》によりて方便法身《ほうべんほっしん》を生《しょう》ず。方便法身《ほうべんほっしん》によりて法性法身《ほっしょうほっしん》を出《いだ》す」（『註釈版聖典（七祖篇）』一三九頁）と説示されている。由生は生起、由出は顕出するという意味である。一法句の法性法身の略より、方便法身の広を生起し、三種荘厳の方便法身の広により、法性法身の一如の略の徳が顕出されるのである。

そしてこの二種法身の関係を「この二の法身は異にして分つべからず。一にして同ずべからず」

といっている。二種法身の不一不異の関係を説示している。法性法身と方便法身とは、理と事、無相と相、略と広であり、不一である。しかし方便法身は法性法身より生起したものであり、法性法身の性徳は方便法身により顕出されたものである以上、方便法身の全体がそのまま挙体即法性であり、両者は不異というべきである。

以上の如く、曇鸞大師においては、この二種法身の関係により浄土の広略相入の構造を説明されているのである。

四

これに対し、唯今の『唯信鈔文意』に説示される二種法身の宗祖の教示は、曇鸞大師の『論註』を受け、さらに救済仏である阿弥陀仏の仏身の性格を二種法身論で解されているとうかがうのである。阿弥陀仏は真如をさとった仏身としての絶対性、人間の相対的認識を絶した真如全顕の仏身としての一面を有するとともに、他方、救済仏として人間と人格的交渉をもつべく、信の対象として、人格的に具体的に顕現する一面をもつものといえよう。

かかる阿弥陀仏の仏身の性格を示すものが、宗祖の二種法身論の特色である。本文を見るに、

「法身はいろもなし、かたちもましまさず。しかれば、こころもおよばれず、ことばもたえたり」と述べられている。「法身」とは、法性法身のことである。法性法身とは、上記の如く真如法性の真実をさとりあらわした覚体であり、人間の思義を絶した無色無形無相の存在である。その無色無形の人間の認識を絶した仏身の絶対性を宗祖は説示されているのである。

しかしながら、如来がこの無色無形の人間の思義を絶した法性法身のままにとどまるのであれば、それは我々の信の対象とはなりえず、凡夫と信を通しての結びつきは成立しないことになるといわねばならない。ここに阿弥陀如来は、人間の相対分別の認識世界を超えた存在（法性法身）でありつつ、他方、私どもの信の対象として、自らを顕現せしめるのである。これが方便法身である。

五

一如そのものの法性法身は、無色無形無相のまま私どもを救うべく、大悲の仏として、有色有形有相の如来として顕現して、自己をあらわしたもうのである。法性法身が善巧方便（真実をそのまま人間に知らしめる手だて）により、顕現した仏身が方便法身である。方便とは、『論註』に、方とは正直、便とはおのれを外にすることであると説明されている。正直に衆生をあわれみ、自分をかえりみないで、一切衆生を救いとり、浄土に済度せんとする仏身を方便法身というのである。

『一念多念文意』に、

この如来《にょらい》を方便法身《ほうべんほっしん》とは申《もう》すなり。方便《ほうべん》と申《もう》すは、かたちをあらはし、御《み》なをしめして、衆《しゅ》生《じょう》にしらしめたまふを申《もう》すなり。

（『註釈版聖典』六九一頁）

とも説示されている。方便を「かたちをあらはし、御なをしめして」と釈されている。それは古来、垂名示形といわれている如く、衆生済度の仏の大悲の相状を説明された文である。無色無形の一如である法性法身が、かたちをあらわして方便法身とあらわれ（示形）、尽十方無碍光如来すなわち南無阿弥陀仏の御名（垂名）を示したまい、衆生を済度したもうのである。

このような一如の法性法身のおのずからなるはたらきとしての、大悲の具体的顕現としての方便法身を、唯今の『唯信鈔文意』において、宗祖は「この一如よりかたちをあらはして、方便法身と申す御すがたをしめして、法蔵比丘となのりたまひて、不可思議の大誓願をおこしてあらはれたまふ御かたちをば、世親菩薩（天親）は〈尽十方無碍光如来〉となづけたてまつりたまへり」といわれているのである。

非因非果、無色無形の一如である法性法身より、衆生救済の真実を示すべく具体的に垂名示形して、因果の相をとって我々の前にあらわれたもう仏身が方便法身である。「なのりたまふ」垂名と、「御すがたをしめし」「御かたち」の示形という具体相と、さらに「法蔵比丘となのり」この世にあらわれて四十八の誓願を発するという因相と、本願に酬いあらわれた尽十方無碍光如来という「御かたち」の果相をあらわしたもうた仏身である。

垂名示形と因果相の示現の上に、一切衆生を救済せんとする阿弥陀仏の大悲の真実を仰がれた宗祖の思召を見るのである。法性法身より顕現した方便法身は、法蔵（因相）と尽十方無碍光如来（果相）という人格的には因果の相をとってあらわれ、本願名号でもって衆生を救済せんとする仏身であるというべきである。

六

そして宗祖は、この方便法身の尽十方無碍光如来を「この如来を報身と申す、誓願の業因に報ひたまへるゆゑに報身如来と申すなり。報と申すはたねにむくひたるなり」といわれている。報身如来とは、因願酬報の仏身という意味で、発願修行して仏果を満足された阿弥陀如来のことである。

そしてこの報身の方便法身が、十方を摂益したもう相を「この報身より応・化等の無量無数の身をあらはして、微塵世界に無碍の智慧光を放たしめたまふゆゑに尽十方無碍光仏と申す」と釈されている。衆生摂化のために、報身より応身・化身の無量無数の仏身を十方に現じて衆生を済度されるのであり、またその報身より十方微塵世界に無碍の智慧光を放って衆生を摂化したもう故に、尽十方無碍光如来と申すと、その御名を釈されてある。

そしてさらにこの「尽十方無碍光仏」の仏身の性格について、法性法身・方便法身の二身論の上より釈が展開されている。「尽十方無碍光仏と申すひかりにて、かたちもましまさず、いろもましまさず」と述べられてある。尽十方無碍光仏の上に、法性法身と方便法身とを融会して釈が展開されている。異本には「ひかりの御かたちにて、いろもましまさず、かたちもましまさず、すなはち法性法身におなじくして」（『真宗聖教全書』六三一頁）と釈されている。唯今の文中の「ひかり」（異本＝ひかりの御かたち）とは、方便法身の無碍光仏である。

次に「かたちもましまさず、いろもましまさず」とは、無色無形の法性法身のことである。上記の如く『論註』において、二種法身の関係を不一不異で解していた。曇鸞大師はかかる二種法身の関係をさらに次の如く説明している。

「無為法身《むいほっしん》」とは法性身《ほっしょうしん》なり。法性《ほっしょう》は寂滅《じゃくめつ》なるがゆゑに、法身《ほっしん》は無相《むそう》なり。無相《むそう》のゆゑによく相《そう》ならざるはなし。このゆゑに相好荘厳《そうごうしょうごん》はすなはち法身《ほっしん》なり。

（『註釈版聖典（七祖篇）』一四〇頁）

無為法身である法性法身は無色無形無相である。無相ということは、いかなる相もとりうる可能性を有する。無相の故によく相好荘厳をあらわすのである。このことは同時に、相好荘厳はそのまが法性法身というべきである。法性法身は無相ではあるが、方便法身の相好荘厳を離れてほかに法性法身が存するのではない。二種荘厳の当体即無相の法身というべきである。かくて二種法身は、不一不異、異にして同なる関係というべきである。かくの如く、法性法身を全うずる方便法身であり、無色無形の法性法身に即して光寿二無量の報身仏、いいかえれば尽十方無碍光如来の方便法身の摂化活動の顕現があるといえよう。このことを「尽十方無碍光仏と申すひかりにて、かたちもましまさず、いろもましまさず」と釈されているのである。

そしてこのひかりの御かたちをとりて、衆生を済度したもう尽十方無碍光仏の摂化の相を讃じて、「無明の闇をはらひ、悪業にさへられず、このゆゑに無碍光と申すなり。無碍はさはりなしと申す」と述べられているのである。

最後に「しかれば阿弥陀仏は光明なり、光明は智慧のかたちなりとしるべし」と結ばれている。上来、弥陀報身の光明摂化、無碍光の光益について釈されていた。これを受けて、無碍の智慧光のいわれを釈される一段とうかがう。

宗祖は「真仏土文類」において、真仏・真土は第十二光明無量の願・第十三寿命無量の願に酬報した仏身仏土であるとしつつも、「仏《ぶつ》はすなはちこれ不可思議光如来《ふかしぎこうにょらい》なり、土《ど》はまたこれ無量光明《むりょうこうみょう》土《ど》なり」（『註釈版聖典』三三七頁）と光明で説示されている。「光明は智慧のかたちなり」とある『唯信鈔文意』の唯今の文は、『論註』に「仏《ぶつ》の光明《こうみょう》はこれ智慧《ちえ》の相《そう》なり」（『註釈版聖典（七祖篇）』一〇三頁）とあるものを承けられたものとうかがう。光は闇を破する。阿弥陀仏の光明は、仏の智慧のはたらきを示すもので、十方世界を照らすに障碍なく、十方衆生の無明の黒闇を除くと、曇鸞大師は釈されている。光明は仏の智慧の徳をあらわすのである。宗祖は光明でもって、摂取不捨の阿弥陀仏の救済のはたらきを、如実にあらわすものと解されていたとうかがうのである。

（三）随縁の雑善　―第二句―

【本　文】

「随縁雑善恐難生《ずいえんぞうぜんくなんしょう》」といふは、「随縁《ずいえん》」は衆生《しゅじょう》のおのおのの縁《えん》にしたがひて、おのおののこころにまかせて、もろもろの善《ぜん》を修《しゅ》するを極楽《ごくらく》に回向《えこう》するなり。すなはち八万四千《はちまんしせん》の法門《ほうもん》なり。これはみな自力《じりき》の善根《ぜんごん》なるゆゑに、実報土《じっぽうど》には生《うま》れずときらはるるゆゑに「恐難生《くなんしょう》」といへり。「恐《く》」はおそるといふ、真《しん》の報土《ほうど》に雑善《ぞうぜん》・自力《じりき》の善生《ぜんうま》るといふことをおそるるなり。「難《なん》生《しょう》」は生《うま》れがたしとなり。

（『註釈版聖典』七一〇頁）

【現代語訳】

「随縁雑善恐難生」というのは、「随縁雑善」とは、人々がそれぞれの縁にしたがい、それぞれの心にまかせてさまざまな善を修め、それを極楽に往生するためにに回向することである。すなわち八万四千の法門のことである。これはすべて自力の善根であるから、真実の浄土には生れることができないと嫌われる。そのことを「恐難生」といわれている。「恐」は「おそれる」ということである。真実の浄土にはさまざまな自力の善によって生れることができないことを気づかわれているのであり、「難生」とは生れることができないというのである。

【講　読】

この一句は、自力雑善の少善根では、極楽無為涅槃界の往生はかなわぬことを説示したもうたものである。

まず「随縁雑善」を釈されている。聖覚法印の『唯信鈔』には「随縁《ずいえん》の雑善《ぞうぜん》ときらへるは、本業《ほんごう》を執《しゅう》ずるこころなり」（『註釈版聖典』一三四四頁）と説示されている。この文中の「本業を執ずる」という意味は、聖覚法印は「念仏《ねんぶつ》の門《もん》に入《い》りながら、なほ余行《よぎょう》をかねたる人《ひと》は、そのこころをたづぬるに、おのおの本業《ほんごう》を執《しゅう》じてすてがたくおもふなり」（『註釈版聖典』一三四三頁）と釈されている。本業とは、もと習いたる法門のことで、念仏門に入りながら、もと習いたる法門に執着し、余行をかね修することをいうのである。念仏門に入りながら、人それぞれの有縁の行にしたがって、それぞれの行を修し、各自のおもいにまかせて所修の善根を極楽往生のために回向することをいうのである。「雑善」とは、八万四千の法門・諸善万行のことである。

次に「恐難生」を釈して、「これはみな自力の善根なるゆゑに、実報土には生れずときらはるるゆゑに〈恐難生〉といへり」と述べられている。文中の「これは」とは、随縁の雑善、すなわち八万四千の法門、諸善万行をさす。これらはすべて自力の善根の故に、実報土すなわち真実の極楽無為涅槃界には生じ得ないと釈されている。

そしてさらに「恐」の字を釈し、「〈恐〉はおそるといふ、真の報土に雑善・自力の善生るといふことをおそるるなり」と述べられている。「恐」を「おそる」と釈されている。恐慮の義であり、おぼつかないものと、おそれおもんばかる意である。自力雑善の行者は、自力執心のため真実の浄土に往生することは、おぼつかないと、おそれおもんばかるという意味である。

最後に「難生」を釈して、「生れがたしとなり」と述べられている。真実報土には自力の諸善万行にては、生じがたい旨を教示されているのである。

(四) 選要法 ―第三句―

【本文】

「故使如来選要法《こしにょらいせんようぼう》」といふは、釈迦如来《しゃかにょらい》、よろづの善《ぜん》の中《なか》より名号《みょうごう》をえらびとりて、五濁悪時《ごじょくあくじ》・悪世界《あくせかい》・悪衆生《あくしゅじょう》・邪見無信《じゃけんむしん》のものにあたへたまへるなりとしるべしとなり。これを「選《せん》」といふ、ひろくえらぶといふなり。「要《よう》」はもつぱらといふ、もとむといふ、ちぎるといふなり。「法《ほう》」は名号《みょうごう》なり。

(『註釈版聖典』七一一頁)

【現代語訳】

「故使如来選要法」というのは、釈尊があらゆる善のなかから南無阿弥陀仏の名号を選び取って、さまざまな濁りに満ちた時代のなかで、悪事を犯すばかりであり、よこしまな考えにとらわれて真実の信心をおこすことのないものにお与えになったのであると知らなければならないというのである。このことを「選」といい、広く多くのものから選ぶという意味である。「要」はひとすじにということであり、求めるということであり、約束するということである。「法」とは名号である。

【講　読】

『法事讃』の後二句は、上に一言した如く、『阿弥陀経』の修因段の経文のこころを釈顕されたものである。唯今の第三句は、雑善自力の諸善万行では真実の浄土には生じ得ないから、釈迦如来は名号の要法を選び取って、濁世の衆生に与えたもうことを釈顕されている。

釈文は二段に大別される。前段は、釈迦如来が『阿弥陀経』修因段において「執持名号」といい、名号を選び取り、往生の正因として五濁悪世の衆生に与えたもうこころを釈されている。

後段においては、偈頌の「選要法」の三字を釈せられている。「選」を「ひろくえらぶ」と釈されている。これは前段において「よろづの善のなかより名号をえらびとりて」と述べられている如く、往生成仏の因法として、唯一最高の弥陀の名号を選び取るという意である。

「要」を「もつぱら」「もとむ」「ちぎる」と三義で釈されている。「もつぱら」とは、専要の意で、五濁悪世の凡夫が救われる道は、弥陀の名号以外には存しない。往生成仏の唯一の因法は名号であるという意味である。「もとむ」とは、五濁の凡夫が往因法として、求むべきは、ただ弥陀の名号のみであるという意である。「ちぎる」とは、約束のことである。諸善万行中より往生成仏の因法として選択され、弥陀如来が約束をされた法は名号のみであるという意味である。最後に「法は名号なり」と結んで、名号一法が往因法である旨を釈顕されているのである。

(五) 専復専 ―第四句―

(イ) 偈頌の釈

【本　文】

「教念弥陀専復専《きょうねんみだせんぶせん》」といふは、「教《きょう》」はをしふといふ、のりといふ、釈尊《しゃくそん》の教勅《きょうちょく》なり。「念《ねん》」は心《しん》におもひさだめて、ともかくもはたらかぬこころなり。すなはち選択本願《せんじゃくほんがん》の名号《みょうごう》を一向《いっこう》専修《せんじゅ》なれとをしへたまふ御《み》ことなり。「専復専《せんぶせん》」といふは、はじめの「専《せん》」は一行《いちぎょう》を修《しゅ》すべしとなり。「復《ぶ》」はまたといふ、かさぬといふ。しかれば、また「専《せん》」といふは一心《いっしん》なれとなり、一行一心《いちぎょういっしん》をもつぱらなれとなり。「専《せん》」は一《いち》といふことばなり、もつぱらといふはふたごころなかれとなり、ともかくもうつるこころなきを「専《せん》」といふなり。この一行一心《いちぎょういっしん》なるひとを「摂取《せっしゅ》して捨《す》てたまはざれば阿弥陀《あみだ》となづけたてまつる」と、光明寺《こうみょうじ》の和尚《かしょう》（善導）はのたまへり。

（『註釈版聖典』七一一頁）

【現代語訳】

「教念弥陀専復専」というのは、「教」は「おしえる」ということであり、「のり」ということであって、すなわち釈尊の仰せということである。「念」は思いが定まって、あれこれとはからうことのない心のことである。すなわち選択本願の名号を、ただひたすらにもっぱら称えよと教えてくださるお言葉である。「専復専」というのは、はじめの「専」は念仏一行を修めよというのである。「復」は「また」ということであり、重ねるということである。そこで、重ねて「専」というのは、一心に修めよというのである。すなわち念仏一行を一心に修めることを、もっぱらにせよというのである。「専」は一つという意味の言葉である。「もっぱら」というのは、二心のないようにせよというのである。あれこれと心が移らないことを「専」というのである。このように念仏一行を一心に修める人を、「摂め取って決してお捨てになることがないから、阿弥陀とお名づけするのである」と、善導大師は『往生礼讃』にいわれている。

【講　読】

一

「教念弥陀専復専」の釈文は、大別して三段に分かたれる。第一段は、偈頌の字句について釈されてある。第二段は、横超の信心の徳について、一心を讃嘆される。第三段は、釈迦・弥陀二尊をはじめ、諸仏の善巧方便により、無上の信心を発起する宿縁について述べられている。

まず第一段であるが、「教念弥陀」の四字を釈されている。「教」の字に「をしふ」と「のり」の二訓をあげ、「教」とは「釈尊の教勅」と釈されている。釈尊の教説である。「念」を「心におもひさだめて、ともかくもはたらかぬこころなり」と釈されている。思い定めて、あれこれと迷わず、決定し、たもつ心である。かくて「教念」とは「選択本願の名号を一向専修なれとをしへたまふ御ことなり」と釈されている。余行余善を捨て、本願の名号を二心なく、心に領納し、専修すべしという教説が、釈尊の教勅の内容である旨を説示されている。

二

次に「専復専」を釈され、「はじめの〈専〉は一行を修すべしとなり。〈復〉はまたといふ、かさぬといふ。しかれば、また〈専〉といふは一心なれとなり」と述べられている。初めの「専」は行に約して、専修念仏の一行を修することと解されている。選択本願の名号を称する念仏の一行である。「復」の字は、「また」「かさぬ」の二訓があげられている。再・重の義である。後の「専」は一心専信、他力の一心のことである。中間の「復」を「また」「かさぬ」と釈することにより、他力の行信不離、信を根底にした念仏一行である旨を釈顕されているのである。したがって「専復専」の義趣を「一行一心をもつぱらなれ」と宗祖は釈されているのである。

そして最後に「専」の字義を述べられている。上記の如く、初めの専と後の専とは、一行と一心とに分かれてはいるが、専の字自体のこころは相違はない。二つの専を合して字義を出して、「一つといふことば」と釈し、一筋にしてもっぱらという義であり、二心なく、他に心を動かさぬことと釈されている。すなわち「もつぱらといふはふたごころなかれとなり、ともかくもうつるこころなきを『専』といふなり」と結ばれている。

いまここで注意すべきは、一行一心と、行信の次第で釈文が展開されている点である。唯今の四句の『法事讃』の偈頌は、『阿弥陀経』の修因段の「若有善男子等」の経文のこころをあらわすものである。経説に順じて、一行一心の次第で「専復専」を釈されたものとうかがうのである。経文の上では、初めに「執持名号」と称名念仏が先に出されてあり、その次下に「一心不乱」の信心が出されてある。『阿弥陀経』は余の諸善万行を少善根と廃して、「執持名号」の念仏一行を立する。この念仏を称するにあたりては、一心不乱に称すべしという経意である。かかる経説の展開に順じて、「専復専」を一行一心の次第で釈されたものと考える。

三

最後に一行一心の利益について述べられている。すなわち一行一心のひとを「〈摂取して捨てたまはざれば阿弥陀となづけたてまつる〉と、光明寺の和尚（善導）はのたまへり」と釈されている。引文は『往生礼讃』（『註釈版聖典（七祖篇）』六六二頁）に「『弥陀経《みだきょう》』および『観経《かんぎょう》』にのたまはく」といい、引用されてあるものである。「ただ念仏《ねんぶつ》の衆生《しゅじょう》を観《み》そなはして、摂取《せっしゅ》して捨《す》てたまはざるがゆゑに阿弥陀《あみだ》と名《な》づけたてまつる」とある文である。文中の「念仏の衆生」とは、一行一心のひとのことである。一行一心の念仏の衆生は、阿弥陀仏の摂取不捨の利益にあづかるのである。

以上が上に記した如く、本偈頌の「教念弥陀専復専」の釈文を大別するに三段に分かたれる中、第一段の釈文である。

(ロ)　一心の讃嘆

【本　文】

この一心《いっしん》は横超《おうちょう》の信心《しんじん》なり。横《おう》はよこさまといふ、超《ちょう》はこえてといふ。よろづの法《ほう》にすぐれて、すみやかに疾《と》く生死海《しょうじかい》をこえて仏果《ぶっか》にいたるがゆゑに超《ちょう》と申《もう》すなり。これすなはち大悲誓《だいひせい》願力《がんりき》なるがゆゑなり。この信心《しんじん》は摂取《せっしゅ》のゆゑに金剛心《こんごうしん》となれり。これは『大経《だいきょう》』の本願《ほんがん》の三信《さんしん》心《じん》なり。この真実信心《しんじつしんじん》を、世親菩薩《せしんぼさつ》（天親）は「願作仏心《がんさぶっしん》」とのたまへり。この信楽《しんぎょう》は仏《ぶつ》にならんとねがふと申《もう》すこころなり。この願作仏心《がんさぶっしん》はすなはち度衆生心《どしゅじょうしん》なり。この度衆生心《どしゅじょうしん》と申《もう》すは、すなはち衆生《しゅじょう》をして生死《しょうじ》の大海《だいかい》をわたすこころなり。この信楽《しんぎょう》は衆生《しゅじょう》をして無上涅槃《むじょうねはん》にいたらしむる心《しん》なり。この心《しん》すなはち大菩提心《だいぼだいしん》なり、大慈大悲心《だいじだいひしん》なり。この信心《しんじん》すなはち仏《ぶっ》性《しょう》なり、すなはち如来《にょらい》なり。この信心《しんじん》をうるを慶喜《きょうき》といふなり。慶喜《きょうき》するひとは諸仏《しょぶつ》とひとしきひととなづく。慶《きょう》はよろこぶといふ、信心《しんじん》をえてのちによろこぶなり。喜《き》はこころのうちによろこぶこころたえずしてつねなるをいふ。うべきことをえてのちに、身《み》にもこころにもよろこぶこころなり。信心《しんじん》をえたるひとをば、「分陀利華《ふんだりけ》」（観経）とのたまへり。この信心《しんじん》をえがたきことを、『経《きょう》』（称讃浄土経）には「極難信法《ごくなんしんぽう》」とのたまへり。しかれば、『大経《だいきょう》』（下）には、「若聞斯経《にゃくもんしきょう》　信楽受持《しんぎょうじゅじ》　難中之難《なんちゅうしなん》　無過此難《むかしなん》」とをしへたまへり。この文《もん》のこころは、「もしこの『経《きょう》』を聞《き》きて信《しん》ずること、難《かた》きがなかに難《かた》し、これにすぎて難《かた》きことなし」とのたまへる御《み》のりなり。釈迦牟尼如来《しゃかむににょらい》は、五濁悪世《ごじょくあくせ》に出《い》でてこの難信《なんしん》の法《ほう》を行《ぎょう》じて無上涅槃《むじょうねはん》にいたると説《と》きたまふ。

（『註釈版聖典』七一一～七一二頁）

【現代語訳】

この一心とは横超の信心のことである。「横」は「よこざまに」ということであり、「超」は「こえて」ということである。念仏はあらゆる教えよりもすぐれていて、速やかにはやく迷いの海を超えて仏のさとりに至ることができるから「超」というのである。このことはすなわち大悲の誓願のはたらきによるからである。この信心は、必ず摂め取るという本願のはたらきによるから、金剛心となるのである。これは『無量寿経』の本願に誓われている至心・信楽・欲生の信心である。この真実の信心を世親菩薩は「願作仏心」といわれている。この信心は、仏になろうと願うという心なのである。この願作仏心はすなわち度衆生心である。この度衆生心というのは、すべてのものを本願の船に乗せて迷いの大海を渡らせようとする心である。この信心は、すべてのものをこの上ないさとりに至らせる心である。この心はすなわち大いなる菩提心であり、大いなる慈悲の心である。この信心はすなわち仏性であり、また如来のはたらきそのものである。この信心を得ることを「慶喜」というのである。慶喜する人を諸仏と等しい人という。「慶」は「よろこぶ」ということである。信心をすでに得てよろこぶのである。「喜」は心のうちによろこびが絶えることなくいつもあることをいう。得なければならないことをすでに得て、身にも心にもよろこぶという意味である。信心を得た人を、『観無量寿経』には「分陀利華」と説かれている。この信心を得るのが難しいということを、『称讃浄土経』には「極難信法」と説かれている。そのようなわけで『無量寿経』には、「若聞斯経　信楽受持　難中之難　無過此難（もしこの経を聞きて信楽受持すること、難のなかの難、これに過ぎて難きはなけん）」と教えてくださっている。この文の意味は、「この教えを聞いて信じることははなはだ難しいことであって、これより難しいことは他にない」ということであり、釈尊が仰せになったお言葉である。これは釈尊が、さまざまな濁りと悪に満ちた世界にお出ましになり、わたしたちにはとても信じられないほどすぐれた念仏の行によって、人々がこの上ないさとりに至ることをお説きになったのである。

【講　読】

一

上に述べておいた如く、「教念弥陀専復専」の釈文は、三段に分かたれる。第一段は、偈頌の字句について釈されてある。第二段は、横超の信心の徳について一心を讃嘆される。第三段は、釈迦・弥陀二尊をはじめ、諸仏の善巧方便により、無上の信心を発起する宿縁について述べられている。このなか、第一段については前段において説明した。唯今は第二段である。

上来、偈頌の「専復専」の文について、一行一心について釈されていた。行信は不離であり、一心の信心を根底とすることにより、念仏一行の専修の展開が存する。一心が報土の正因であることは言をまたない。この一心の徳を讃嘆される一段であり、一心の内容を七つの徳義をあげて説明されている。

第一は、横超の信心の上より一心を讃嘆されている。宗祖の二双四重の教判によれば、竪出・竪超・横出・横超の四重でもって、一代仏教を判釈されている。このなか、横は他力、竪は自力、出は漸教、超は頓教の意味である。聖道門中の頓教を竪超といい、漸教を竪出という。これに対し、浄土門中の方便要門・真門の漸教を横出、弘願他力の頓教を横超というのである。

　唯今の横超の信心とは、浄土真宗の弘願他力の信心であることは言をまたない。「横」は「よこさま」、「超」は「こえて」と釈されている。「よこさま」の解釈であるが、『尊号真像銘文』に「よこさまといふは如来《にょらい》の願力《がんりき》を信《しん》ずるゆゑに行者《ぎょうじゃ》のはからひにあらず、五悪趣《ごあくしゅ》を自然《じねん》にたちすて四《し》生《しょう》をはなるるを横《おう》といふ、他力《たりき》と申《もう》すなり」（『註釈版聖典』六四六頁）と教示されている。「超」を「こえて」と教示されてある意は、『唯信鈔文意』に「よろづの法にすぐれて、すみやかに疾く生死海をこえて仏果にいたるがゆゑに超と申すなり」と釈されている。

　これを要するに、横超の信心とは「信巻」末に「念仏《ねんぶつ》の衆生《しゅじょう》は横超《おうちょう》の金剛心《こんごうしん》を窮《きわ》むるがゆゑに、臨終一念《りんじゅういちねん》の夕《ゆうべ》、大般涅槃《だいはつねはん》を超証《ちょうしょう》す」（『註釈版聖典』二六四頁）とある如く、信心決定し、現生で正定聚に住し、命終われば速やかに生死の大海を超えて、浄土に往生して仏果を証する本願の大道に他ならぬ。大悲の誓願力の大道を横超というのである。

　第二は、金剛心の釈である。「この信心は摂取のゆゑに金剛心となれり。これは『大経』の本願の三信心なり」とあるものである。

願力回向の信楽が横超の金剛心である。金剛心については、「信巻」に「〈能生《のうしょう》清浄《しょうじょう》願心《がんしん》〉といふは、金剛《こんごう》の真心《しんじん》を獲得《ぎゃくとく》するなり。本願力《ほんがんりき》の回向《えこう》の大信心海《だいしんじんかい》なるがゆゑに、破壊《はえ》すべからず。これを金剛《こんごう》のごとしと喩《たと》ふるなり」（『註釈版聖典』二四四頁）と釈されている。信心が金剛堅固に定まるのは、摂取不捨の本願力によるからに他ならない。そしてこの横超の金剛心は、『大経』の本願の三信心に他ならぬことを説示して、自力の信心に識別されているのである。

二

第三は、菩提心の釈である。真実信心は願作仏心・度衆生心の大菩提心であると、その徳を讃仰されているのである。そしてこの菩提心は、世親菩薩の所説である旨を説示されている。

菩提心の釈義は、『往生論註』下、善巧摂化章に「この無上菩提心《むじょうぼだいしん》とは、すなはちこれ願作仏心《がんさぶっしん》なり。願作仏心《がんさぶっしん》とは、すなはちこれ度衆生心《どしゅじょうしん》なり」（『註釈版聖典（七祖篇）』一四四頁）と説示されている。しかるに唯今『唯信鈔文意』において、世親菩薩の言葉としてあげられているのは、いかなる理由であろうか。いわゆる『往生論註』の釈文を『浄土論』の文として引用されるのは、『本典』においても見られる宗祖の発揮である。『高僧和讃』において、

天親菩薩《てんじんぼさつ》のみことをも
鸞師《らんし》ときのべたまはずは
他力広大威徳《たりきこうだいいとく》の
心行《しんぎょう》かでかさとらまし
（『註釈版聖典』五八二頁）

と讃じておられる如く、世親の『浄土論』の妙旨は、曇鸞の『往生論註』により開顕されたのであり、かかる視点より、『往生論註』の釈を世親菩薩の論説として引用されているのである。そしてこの菩提心の釈を世親の『浄土論』とすることは、先例が存するのであり、『安楽集』や『往生要集』の上にも見られるのである。

「信巻」の菩提心釈を見るに、二双四重の教判に立脚して分別がなされている。竪超・竪出の聖道門の自力の菩提心は、歴劫迂廻の菩提心であり、横出の浄土の菩提心は、正雑・定散、他力の中の自力の菩提心である。横超の菩提心は、上記の如く願力回向の信楽、横超の金剛心と釈されている。

願作仏心とは「仏にならんとねがふと申すこころ」と釈され、自利の心であり、度衆生心とは「衆生をして生死の大海をわたすこころなり」と釈され、利他の心である。まことに願力回向の信楽は、自利利他円満の真実心というべく、願作仏心・度衆生心の大菩提心の徳義が信楽には円具されているのである。上求菩提・下化衆生の法蔵菩薩の大菩提心は、その発願修行により円満成就され、その仏心の真実が我々の心に領納されたのが信楽である。信楽には、仏回施の願作・度生の菩提心の徳が具せられているというべきである。

かかる信楽のもつ内実を「信楽は仏にならんとねがふと申すこころなり」（願作仏心）といい、また「この信楽は衆生をして無上涅槃にいたらしむる心なり」（度衆生心）といい、信楽に円具される菩提心の徳義を讃仰されている。まことに信楽即菩提心というべく、宗祖は「この心すなはち大菩提心なり」と釈されている。

最後に菩提心を転釈して「大慈大悲心なり」といわれている。「信巻」信楽釈下に「この心《しん》（信楽）はすなはち如来《にょらい》の大悲心《だいひしん》なるがゆゑに」（『註釈版聖典』二三五頁）と釈されている。願力回向の信楽は、如来の大慈大悲心である。したがって大菩提心は、仏の大慈大悲心そのものというべきである。

第四は、信心仏性の釈である。これは次上の大菩提心を大慈大悲心と釈されたものを受けての展開である。

「信巻」引用の『涅槃経』に「大慈大悲《だいじだいひ》は名《な》づけて仏性《ぶっしょう》とす。仏性《ぶっしょう》は名《な》づけて如来《にょらい》とす」（『註釈版聖典』二三六頁）とある。全性修起の仏の正覚の果徳は、名号法として成就されている。衆生を済度せんとする阿弥陀仏の大慈大悲心の結晶が名号である。この名号が衆生に領納されたのが信心である。全性修起の弥陀仏性の真実が名号法として回向され、衆生に受容されて、信心仏性として顕現しているのである。この信心が往生成仏の正因となり、信心の行者は、浄土に往生して弥陀同体の仏果を証せしめられるのである。かかる信心仏性の徳義を「この信心すなはち仏性なり、すなはち如来なり」と讃仰されているのである。

三

第五は、慶喜の釈である。慶喜の言葉は、『大経』下に「見敬得大慶　則我善親友」とあるものによられたものとうかがう。「この信心をうるを慶喜といふなり。慶喜するひとは諸仏とひとしきひととなづく」といい、信心よろこぶ人を諸仏とひとしき人と讃ぜられている。「信巻」に信心決定の正定聚の人を「如来と等し」と讃仰されている。すなわち「『華厳経《けごんぎょう》』（入法界品・晋訳）にのたまはく、この法《ほう》を聞《き》きて信心《しんじん》を歓喜《かんぎ》して、疑《うたがい》なきものはすみやかに無上道《むじょうどう》を成《な》らん。もろもろの如来《にょらい》と等《ひと》し」（『註釈版聖典』一三七頁）とあるものである。この『華厳経』の文を解釈して、『親鸞聖人御消息』には次の如く教示されている。

これは『経《きょう》』の文《もん》なり。『華厳経《けごんぎょう》』にのたまはく、「信心歓喜者与諸如来等」といふは、「信《しん》心《じん》よろこぶひとはもろもろの如来《にょらい》とひとし」といふなり。「もろもろの如来《にょらい》とひとし」といふは、信心《しんじん》をえてことによろこぶひとは、釈尊《しゃくそん》のみことには、「見敬得大慶則我善親友《けんきょうとくだいきょうそくがぜんしんぬ》」（大経・下）と説《と》きたまへり。また弥陀《みだ》の第十七《だいじゅうしち》の願《がん》には、「十方世界《じっぽうせかい》　無量諸仏《むりょうしょぶつ》　不悉咨嗟《ふしつししゃ》　称《しょう》我名者《がみょうしゃ》　不取正覚《ふしゅしょうがく》」（大経・上）と誓《ちか》ひたまへり。願成就《がんじょうじゅ》の文《もん》（同・下）には、「よろづの仏《ぶつ》にほめられ、よろこびたまふ」（意）とみえたり。

すこしも疑《うたが》ふべきにあらず。これは「如来《にょらい》とひとし」といふ文《もん》どもをあらはししるすなり。

（『註釈版聖典』七五九頁）


第十七願や第十七願成就文を「如来と等し」の根拠として示されている。第十七願は、名号摂化が誓われてある願であり、成就文は、その名号の威神功徳不可思議の徳義の成就を諸仏が讃嘆される。この名号には、仏正覚の果徳が成就され、それが我々に回向されるのである。信一念にこの名号を領納するところ、信心の成立がある。この信心決定の行者には、名号により、仏正覚の果徳が信心の具徳としてめぐまれてある点より、「如来とひとし」といわれているのである。

『親鸞聖人御消息』に「浄土《じょうど》の真実信心《しんじつしんじん》の人《ひと》は、この身《み》こそあさましき不浄造悪《ふじょうぞうあく》の身《み》なれども、心はすでに如来《にょらい》とひとしければ、如来《にょらい》とひとしと申《もう》すこともあるべしとしらせたまへ」（『註釈版聖典』七五八頁）とも説示されている。この場合、「心」とは、如来よりたまわりたる信のことである。仏心の真実がめぐまれた正定聚の行者を「如来とひとし」と讃仰されているのである。

また宗祖は、弥勒仏と「如来とひとし」とを同致せしめて解釈されている。弥勒は一生を終わればかならず仏になりたまうことに決定している補処の菩薩である。これと同じく、信心の行者は、一生すぎれば浄土に往生して仏果を証することに決定した正定聚の身である。この点より因中説果して、未来浄土において弥陀同体の証を開かせていただく点より、「如来とひとし」と、正定聚の内実を宗祖は讃ぜられているのである。『親鸞聖人御消息』に「まことの信心《しんじん》をえたる人《ひと》は、すでに仏《ぶつ》に成《な》らせたまふべき御身《おんみ》となりておはしますゆゑに、〈如来《にょらい》とひとしき人《ひと》〉と『経《きょう》』（華厳経）に説《と》かれ候《そうろ》ふなり。弥勒《みろく》はいまだ仏《ぶつ》に成《な》りたまはねども、このたびかならずかならず仏《ぶつ》に成《な》りたまふべきによりて、弥勒《みろく》をばすでに弥勒仏《みろくぶつ》と申《もう》し候《そうろ》ふなり。その定《じょう》に、真実信心《しんじつしんじん》をえたる人《ひと》をば、如《にょ》来《らい》とひとしと仰《おお》せられて候《そうろ》ふなり」（『註釈版聖典』七九四頁）と教示されているのである。

次に慶喜の字訓の釈が説示されている。まず慶を「慶はよろこぶといふ、信心をえてのちによろこぶなり」と釈されている。これは已得の正定聚の方よりの喜びである。正定聚は、信一念同時に得る利益である。往生の定まりたるを喜ぶのは、うべきことを得て後によろこぶ心である。次に喜を「こころのうちによろこぶこころたえずしてつねなるをいふ」と釈し、「慶喜」を結して「うべきことをえてのちに、身にもこころにもよろこぶこころなり」と釈されている。これは「慶」は身のよろこび、「喜」は心のよろこびとして、身心に分けて釈されているものとうかがう。

この「慶喜」と対比されるのは『一念多念証文』に出される「歓喜」の釈である。「〈歓喜《かんぎ》〉といふは、〈歓《かん》〉は身《み》をよろこばしむるなり、〈喜《き》〉はこころによろこばしむるなり、うべきことをえてんずと、かねてさきよりよろこぶこころなり」とあり（『註釈版聖典』六七八頁）とあり、「歓」と「喜」とを身と心に分釈されている。

また「歓喜」を信心決定の行者が、報土に往生して、仏果を証することを、かねてさきより喜ぶ、いわゆる当得の証果（滅度）に対するよろこびとして釈されている。「慶喜」を已得の正定聚に対するよろこび、「歓喜」を当得の証果に対するよろこびとして釈される宗祖の解釈の妙をいただくばかりである。

四

第六は、分陀利華の釈である。これは『観経』に「もし念仏《ねんぶつ》するものは、まさに知《し》るべし、この人《ひと》はこれ人中《にんちゅう》の分陀利華《ふんだりけ》なり」（『註釈版聖典』一一七頁）とある文によられたものである。信心の行者を分陀利華（白蓮華）として讃仰されているのである。

第七は、極難信法の釈である。唯今の一段は、『称讃浄土経』の「極難信法」の文をあげ、『大経』流通分の文、さらに『阿弥陀経』の経意によりて釈顕されている。

釈尊は『大経』を結ぶにあたり、流通分で四難をあげられている。その一は、値仏の難、如来の興世にあい難い。その二は、諸仏の説法等の聞き難い聞法の難。その三は、修行の難。その四は、此経の難である。前三は一代仏教に通ずる難であるが、第四難は『大経』にかぎった難である。「若聞斯経　信楽受持　難中之難　無過此難」とある文である。

聖道の諸教は、自力で修行して仏果に向かうことを教える教法である。しかし『大経』は、他力易行の教えである。煩悩具足の凡夫が、如来の他力により救われていく、願力回向の教えが説かれている。自力心で領解することは全く不可能といわざるを得ない。このことを「極難信法」と『称讃浄土経』では説かれているのである。他力回向のみ教えが、他の教法に超絶した希有の教法であることを讃ぜられたものである。もって『大経』所説の弥陀の名号を聞信する横超の信心の徳を、宗祖は説示されたものとうかがうのである。『浄土和讃』にこの流通分のこころを、

一代諸教《いちだいしょきょう》の信《しん》よりも
弘願《ぐがん》の信楽《しんぎょう》なほかたし
難中之難《なんちゅうしなん》とときたまひ
無過此難《むかしなん》とのべたまふ

（『註釈版聖典』五六八頁）

と讃ぜられている。

最後に「釈迦牟尼如来は、五濁悪世に出でてこの難信の法を行じて無上涅槃にいたると説きたまふ」とある文は、『阿弥陀経』に「釈迦牟尼仏《しゃかむにぶつ》、よく甚難希有《じんなんけう》の事《じ》をなして、よく娑婆国土《しゃばこくど》の五濁《ごじょく》悪世《あくせ》、劫濁《こうじょく》・見濁《けんじょく》・煩悩濁《ぼんのうじょく》・衆生濁《しゅじょうじょく》・命濁《みょうじょく》のなかにおいて、阿耨多羅三藐三菩提《あのくたらさんみゃくさんぼだい》を得《え》て、もろもろの衆生《しゅじょう》のために、この一切世間難信《いっさいせけんなんしん》の法《ほう》を説《と》きたまふ」（『註釈版聖典』一二八頁）とある経文に順じての釈文とうかがうのである。

(ハ)　名号の信受

【本　文】

さて、この智慧《ちえ》の名号《みょうごう》を濁悪《じょくあく》の衆生《しゅじょう》にあたへたまふとのたまへり。十方諸仏《じっぽうしょぶつ》の証誠《しょうじょう》、恒沙《ごうじゃ》如来《にょらい》の護念《ごねん》、ひとへに真実信心《しんじつしんじん》のひとのためなり。釈迦《しゃか》は慈父《じぶ》、弥陀《みだ》は悲母《ひも》なり。われらがちち・はは、種々《しゅじゅ》の方便《ほうべん》をして無上《むじょう》の信心《しんじん》をひらきおこしたまへるなりとしるべしとなり。おほよそ過去久遠《かこくおん》に三恒河沙《さんごうがしゃ》の諸仏《しょぶつ》の世《よ》に出《い》でたまひしみもとにして、自力《じりき》の菩提心《ぼだいしん》をおこしき。恒沙《ごうじゃ》の善根《ぜんごん》を修《しゅ》せしによりて、いま願力《がんりき》にまうあふことを得《え》たり。他力《たりき》の三信心《さんしんじん》をえたらんひとは、ゆめゆめ余《よ》の善根《ぜんごん》をそしり、余《よ》の仏聖《ぶっしょう》をいやしうすることなかれとなり。

（『註釈版聖典』七一三頁）

【現代語訳】

そして、この智慧の名号を濁りと悪に満ちた世界の人々にお与えになると説かれている。すべての世界の仏がたが真実であると証明されるのも、数限りない仏がたがお護りくださるのも、ただひとえに真実信心の人のためである。釈尊は慈しみあふれる父であり、阿弥陀仏はあわれみ深い母である。そのわたしたちの父・母は、自力にとらわれるものを真実に導くさまざまな手だてを施して、この上ない他力の信心を開きおこしてくださったのだと心得なさいということである。その手だてによって、はかり知ることのできない過去から、次々と世にお出ましになった数限りない仏がたのもとでわたしたちは自力の菩提心をおこし、数限りない善を修めてきて、今、阿弥陀仏の本願のはたらきに出会うことができたのである。至心・信楽・欲生と本願に誓われている他力の信心を得た人は、決して念仏以外の善を謗ったり、阿弥陀仏以外の仏や菩薩を軽んじたりすることがあってはならないということである。

【講　読】

すでに述べた如く、「教念弥陀専復専」の一段は三段に分かたれる。ただいまは、その第三段の解釈である。今段は、極難信法である名号を、釈迦・弥陀二尊をはじめ諸仏の善巧方便により、信受する宿縁について述べられている。

まず（一）極難信法である智慧の名号が衆生に回向されることにより、難信の法である名号を、衆生がよく信受することができる願力回向の善巧方便について説示されている。すなわち「この智慧の名号を濁悪の衆生にあたへたまふとのたまへり」と説示されている。

（二）次いで諸仏の証誠・護念について述べられている。「十方諸仏の証誠、恒沙如来の護念、ひとへに真実信心のひとのためなり」とある。「十方諸仏」等とあるのは、『称讃浄土経』によりたもうものであり、こころは『阿弥陀経』の六方段によられている。『浄土和讃』に「十方恒沙《じっぽうごうじゃ》の諸仏《しょぶつ》は　極難信《ごくなんしん》ののりをとき　五濁悪世《ごじょくあくせ》のためにとて　証誠護念《しょうじょうごねん》せしめたり」（『註釈版聖典』五七一頁）とあるものと同じ趣意である。証誠・護念とは、極難信の名号法が真実であることを証明し、念仏の信心を護ることである。十方諸仏の証誠は、信心を得せしめんための証誠であり、恒沙如来の護念は信心を得たるものを諸仏が護念し護りたもうのである。諸仏の証誠・護念の方便により、われら凡夫は信ぜしめられ、生かされていくのである。

（三）釈迦・弥陀二尊の方便。釈迦を慈父、弥陀を悲母と讃じ、二尊の慈悲・方便により、われら凡夫が極難信の法にめざめせしめられる仏縁について説示されている。

（四）恒沙値仏の宿縁。恒沙値仏の宿縁により、願力、極難信の名号法にめざめることができたことを讃ぜられている。「おほよそ過去久遠に三恒河沙の諸仏の世に出でたまひしみもとにして、自力の菩提心をおこしき。恒沙の善根を修せしによりて、いま願力にまうあふことを得たり」とある一節である。これは『安楽集』第一大門所引の『涅槃経』（『註釈版聖典（七祖篇）』一八七頁）の意に順じて説示したもうものである。

（五）教誡。最後に「他力の三信心をえたらんひとは、ゆめゆめ余の善根をそしり、余の仏聖をいやしうすることなかれとなり」と教誡されている。他力の三信心とは、第十八願の三信心のことである。極難信の名号法を信受した信心念仏の行者は、余他の善根をそしり、阿弥陀仏以外の仏菩薩を軽侮すべきでないと誡められているのである。信心を獲得したことは、もろもろの宿縁によるというべきである。信心の行者の排他・誹謗を誡められているのである。

第六章　三心釈

(一)『観経』の三心

【本　文】

「具《ぐ》三《さん》心《しん》者《しゃ》必《ひっ》生《しょう》彼《ひ》国《こく》」(観経)といふは、三心《さんしん》を具《ぐ》すればかならずかの国《くに》に生《うま》るとなり。

(『註釈版聖典』七一三頁)

【現代語訳】

『観無量寿経』に「具三心者必生彼国(三心を具するものは、かならずかの国に生ず)」と説かれているのは、三心をそなえれば必ず阿弥陀仏の浄土に生れるというのである。

【講　読】

これより以下は、まず『観経』上々品の三心の経文を引用し、『観経』三心釈が展開されている。聖覚法印の『唯信鈔』を見るに、『観経』の唯今の文が引用されている。その前後の文脈を見るに、すでに序説において述べておいた如く、聖覚法印は浄土門に諸行往生と念仏往生を分かち、さらに念仏往生の門に専修と雑修の二を分かっている。専修とは「ただ弥陀《みだ》の名号《みょうごう》をとなへ、ひとへに弥陀《み》一仏《だいちぶつ》を念《ねん》ずる、これを専修《せんじゅ》となづく」（『註釈版聖典』一三四二頁）と釈されている。そして念仏して浄土に往生しようと思わば、三心を具足すべきことを説示している。

ただ名号《みょうごう》をとなふることは、たれの人《ひと》か一念《いちねん》・十念《じゅうねん》の功《こう》をそなへざる。しかはあれども、往生《おうじょう》するものはきはめてまれなり。これすなはち三心《さんしん》を具《ぐ》せざるによりてなり。

（『註釈版聖典』一三四五頁）

ついで『観経』上々品の文と善導大師の『往生礼讃』の三心釈の文が引用されているのであり、宗祖も本鈔において、これを受容されているのである。聖覚法印の唯信の教学を伝統される宗祖教学の立場を見るのである。『観経』の上々品の三心の詳文は次の通りである。

上品上生《じょうぼんじょうしょう》といふは、もし衆生《しゅじょう》ありてかの国《くに》に生《しょう》ぜんと願《がん》ずるものは、三種《さんしゅ》の心《しん》を発《おこ》して即便往生《すなわちおうじょう》す。なんらをか三《み》つとする。一《ひと》つには至誠心《しじょうしん》、二《ふた》つには深心《じんしん》、三《み》つには回向発願心《えこうほつがんしん》なり。三心《さんしん》を具《ぐ》するものは、かならずかの国《くに》に生《しょう》ず。（『註釈版聖典』一〇八頁）

善導大師の「散善義」の意によれば、三心は上々品に出てはいるが、散善九品全体、さらに定善の機にも通ずる浄土往生の正因である旨が説示されている。至誠心とは、真実心のことで、真実心中に身口意の三業の行をおこすことである。深心とは、深く信ずる心で、機法二種の深信を開示している。回向発願心とは、所作一切の善根を回向して往生を願う心と釈されている。

さらに宗祖は、「化巻」において『観経』の三心に隠顕両義を開顕されている。経当面の顕説の義によれば、定散諸善、三輩の機類に通ずる要門自力の三心である。隠彰の義は、『大経』の弘願の仏意が『観経』の所々にその片鱗をあらわしている点をいうのであり、唯今の三心は隠彰の義よりうかがえば、『大経』の本願の三心と一致する弘願他力の三心である旨を開顕されているのである。

(二)『往生礼讃』の三心釈

【本　文】

しかれば善導《ぜんどう》は、「具此三心《ぐしさんしん》　必得往生也《ひっとくおうじょうや》　若少一心《にゃくしょういっしん》　即不得生《そくふとくしょう》」（礼讃）とのたまへり。「具此三心《ぐしさんしん》」といふは、三《み》つの心《しん》を具《ぐ》すべしとなり。「必得往生《ひっとくおうじょう》」といふは、「必《ひっ》」はかならずといふ、「得《とく》」はうるといふ、うるといふは往生《おうじょう》をうるとなり。「若少一心《にゃくしょういっしん》」といふは、「若《にゃく》」はもしといふ、ごとしといふ、「少《しょう》」はかくるといふ、すくなしといふ。一心《いっしん》かけぬれば生《うま》れずといふなり。一心《いっしん》かくるといふは信心《しんじん》のかくるなり、信心《しんじん》かくといふは、本願真実《ほんがんしんじつ》の三信心《さんしんじん》のかくるなり。『観経《かんぎょう》』の三心《さんしん》をえてのちに、『大経《だいきょう》』の三信心《さんしんじん》をうるを一心《いっしん》をうるとは申《もう》すなり。このゆゑに『大経《だいきょう》』の三信心《さんしんじん》をえざるをば一心《いっしん》かくると申《もう》すなり。この一心《いっしん》かけぬれば真《しん》の報土《ほうど》に生《うま》れずといふなり。『観経《かんぎょう》』の三心《さんしん》は定散二機《じょうさんにき》の心《しん》なり、定散二善《じょうさんにぜん》を回《え》して、『大《だい》経《きょう》』の三信《さんしん》をえんとねがふ方便《ほうべん》の深心《じんしん》と至誠心《しじょうしん》としるべし。真実《しんじつ》の三信心《さんしんじん》をえざれば、「即不《そくふ》得生《とくしょう》」といふなり。「即《そく》」はすなはちといふ、「不得生《ふとくしょう》」といふは、生《うま》るることをえずといふなり。三信《さんしん》かけぬるゆゑにすなはち報土《ほうど》に生《うま》れずとなり。雑行雑修《ぞうぎょうざっしゅ》して定機《じょうき》・散機《さんき》の人《ひと》、他《た》力《りき》の信心《しんじん》かけたるゆゑに、多生曠劫《たしょうこうごう》をへて他力《たりき》の一心《いっしん》をえてのちに真実報土《しんじつほうど》に生《うま》るべきゆゑに、すなはち生《うま》れずといふなり。もし胎生辺地《たいしょうへんじ》に生《うま》れても五百歳《ごひゃくさい》をへ、あるいは億千万衆《おくせんまんしゅ》のなかに、ときにまれに一人《いちにん》、真《しん》の報土《ほうど》にはすすむとみえたり。三信《さんしん》をえんことをよくよくこころえねがふべきなり。

（『註釈版聖典』七一三頁）

【現代語訳】

そこで善導大師は『往生礼讃』に、「具此三心　必得往生也　若少一心　即不得生（この三心を具してかならず往生を得るなり。もし一心少けぬればすなはち生ずることを得ず）」といわれている。「具此三心」というのは、至誠心・深心・回向発願心の三心をそなえなければならないというのである。「必得往生」というのは、「必」は「かならず」ということであり、「得」は「える」ということである。「える」というのは、往生することができるというのである。「若少一心」というのは、「若」は「もし」ということであり、「ごとし」ということである。「少」は「かける」ということであり、「すくない」ということである。一心が欠けたなら浄土に生れることはできないというのである。一心が欠けるというのは、信心が欠けるということである。信心が欠けるというのは、『無量寿経』の本願に誓われている真実の信心が欠けることである。『観無量寿経』の三心を得た後に『無量寿経』の真実の信心を得ることを、一心を得るというのである。このようなわけで『無量寿経』の信心を得ないことを、一心が欠けるというのである。この一心が欠けたなら真実の浄土に生れることはできないというのである。『観無量寿経』の三心は定善・散善を修める自力のものの心であって、そのような自力の心をあらためて、『無量寿経』の真実の信心を得させようと願う方便の深心と至誠心であると知らなければならない。真実の信心を得ないから、「即不得生」というのである。「即」はそのままでということであり、「不得生」というのは生れることができないということである。信心が欠けているので、そのままでは真実の浄土に生れることはできないというのである。さまざまな行を修めて浄土に往生しようとする自力のものは、他力の信心が欠けている。そのため、生れ変り死に変りしてはかり知れない時を経て、他力の一心を得た後に真実の浄土に生れることができる。だから、そのままでは生れることはできないというのである。たとえ胎宮や辺地などといわれる方便の浄土に生れたとしても、五百年もの時を経なければならず、また億千万の人々の中で、真実の浄土に進むのはまれに一人いるかどうかであると示されている。真実の信心を得ることを十分に心得て、真実の浄土に生れることを願わなければならない。

【講　読】

一

唯今の『往生礼讃』の文は、前序の文である。そこに安心・起行・作業について説示されている。安心とは、往生浄土の正因であり、『観経』の三心のことである。起行とは、安心にもとづく往生行で五念門のことであり、作業とは往生行の修相・四修のことである。『往生礼讃』において「かならずかの国土《こくど》に生《しょう》ぜんと欲《ほっ》せば、『観経《かんぎょう》』に説《と》きたまふがごときは、三心《さんしん》を具《ぐ》してかならず往生《おうじょう》を得《う》」（『註釈版聖典（七祖篇）』六五四頁）といい、ついで『観経』の三心について釈して、安心の内容説明をされている。この三心釈の結文が、唯今の『唯信鈔文意』に引用されている『礼讃』の文である。

『選択集』三心章を見るに、冒頭に「念仏の行者かならず三心を具足すべき文」といい、『観経』の上々品の三心、「散善義」の三心釈の文、『往生礼讃』の三心釈の文を引用し、私釈において、

わたくしにいはく、引《ひ》くところの三心《しん》はこれ行者《ぎょうじゃ》の至要《しよう》なり。所以《ゆえん》はいかんぞ。『経《きょう》』（観経）にはすなはち、「具《ぐ》三心者必生彼国《しんしゃひっしょうひこく》」といふ。あきらかに知《し》りぬ、三を具《ぐ》すればかならず生《しょう》ず

ることを得《う》べし。『釈《しゃく》』（礼讃）にはすなはち、「若少《にゃくしょう》一心即不得生《しんそくふとくしょう》」といふ。あきらかに知《し》りぬ、一も少《か》けぬればこれさらに不可《ふか》なり。これによりて極楽《ごくらく》に生《うま》れんと欲《おも》はん人《ひと》は、まつたく三心《さんしん》を具足《ぐそく》すべし。

（『註釈版聖典（七祖篇）』一二四七頁）

この『選択集』を受けたのが、聖覚法印の『唯信鈔』であり、善導大師・法然聖人・聖覚法印・宗祖の上における唯信の伝統を見るのである。

いま『唯信鈔文意』所釈の『往生礼讃』の三心釈であるが、四句の釈文よりなる。上にも一言した如く、『観経』の三心釈は隠顕の二義にわたる。初二句は隠顕両義に通じ、後二句は隠の義よりの釈とうかがう。第一句を釈して「具此三心といふは、三つの心を具すべしとなり」と釈され、第二句を「必得往生といふは、必はかならずといふ、得はうるといふ、うるといふは往生をうるとなり」と釈されている。

顕の義によれば要門、定散の自力の三心であり、三心の必具が要請される。自力の三心であるから、化土の往生にとどまるのである。隠彰の義よりいえば、本願の弘願他力の三信心と一致する信心というべきで、他力回向の信心を得たことを「具此三心」と説かれているのである。この弘願他力の三心具足により、真実報土の往生を得せしめられるのである。

二

次に第三句の「若少一心」を釈して、「若少一心といふは、若はもしといふ、ごとしといふ、少はかくるといふ、すくなしといふ。一心かけぬれば生れずといふなり」と述べられている。「若」と「少」に二訓ずつあげられている。「若」は「もし」「ごとし」、「少」は「かくる」「すくなし」の二訓である。そして「かくる」の訓をとって、「一心かけぬれば生れずといふなり」と信不具足のものは報土に生ずることはできない旨を説示されている。隠彰の立場よりの解釈である。本願の三心即一の願力回向の信楽の信が決定せざるものは、浄土に往生することの不可能なことを説示されているのである。

すなわち「一心かくる」の義を、さらに宗祖は次の如く説示されている。

一心《いっしん》かくるといふは信心《しんじん》のかくるなり、信心《しんじん》かくといふは、本願真実《ほんがんしんじつ》の三信心《さんしんじん》のかくるなり。『観経《かんぎょう》』の三心《さんしん》をえてのちに、『大経《だいきょう》』の三信心《さんしんじん》をうるを一心《いっしん》をうるとは申《もう》すなり。このゆゑに『大経《だいきょう》』の三信心《さんしんじん》をえざるをば一心《いっしん》かくると申《もう》すなり。この一心《いっしん》かけぬれば真《しん》の報土《ほうど》に生《うま》れずといふなり。

（『註釈版聖典』七一四頁）

いま問題にしている「一心」は、『観経』の三心のことではない。『大経』第十八願の至心・信楽・欲生の三信である。この三信心は他力回向の信であり、名号を領納する信楽の一心のほかはない。その信楽の義を開出したのが、前後の至心と欲生の二心であり、この二心は信楽の一心に摂まるのである。

唯今の一心とは、この本願の三心即一の願力回向の信楽に他ならぬのである。この本願の三信心、いいかえれば三心即一の信楽の一心が欠ければ真実の報土には生ずることはできないのである。

三

以上が「一心かくる」の解釈であるが、『観経』の三心の具不を論ずるのに、何故『大経』の三信心でもって釈されているのであろうか。宗祖の思召をうかがうに、前述の如く『観経』の三心に隠顕両面が存する。顕説の義によれば定散自力の三心であり、隠彰の義によれば『観経』の三心は『大経』の三信に一致するものといわねばならぬ。『観経』の三心は、本願の三信に一致するところ、信楽の一心に結帰するというべきである。唯今は隠彰の義でもって釈されているのであり、かかる視点より「一心かくる」とは、本願真実の三信心のかくることであると、『大経』の弘願真実の立場より釈されてあるとうかがうのである。

したがって、顕説の『観経』自力の三心を具足していても、一心かくることになるのである。真の報土への往生は不可能といわねばならない。

この場合、経当面の『観経』顕説の三心と、『大経』の本願の三信心の関係はいかに理解すべきであろうか。この点について宗祖は、「『観経』の三心をえてのちに、『大経』の三信心をうるを一心をうるとは申すなり」と釈されている。いわゆる『観経』の顕説の教説は、従仮入真の法というべきである。真実の教法を領解できない自力執心の行者を真実に導くべく、仏が説かれた権仮方便の教というべきである。

願生行者に直入と回入の二類が分かたれる。前者は本願名号の教えを聞き、ただちに本願の三信心を領解する機類であり、後者は自力執心のため真実に直入できず、『観経』の自力の三心の仮の教えに帰し、仏の方便により真実に通入せしめられる機類である。『観経』顕説の三心は、『大経』の真実の三信心に自力の行者を帰せしめんための方便の教えというべきである。

四

このことをさらに宗祖は、「『観経』の三心は定散二機の心なり、定散二善を回して、『大経』の三信をえんとねがふ方便の深心と至誠心としるべし」と釈されている。釈文中の「回して」とは、ひるがえしてという意味である。

『観経』の三心は、定善を修する機類と散善を修する機類の自力の心である。この自力心をひるがえして、『大経』の他力の三信に通入せしめられるのであり、弘願の他力真実の信心への方便階梯の教えとして、『観経』の三心が説かれているのである。『観経』顕説の三心は、真実に自力の行者を導入せしめんという仏の方便のてだてである。そこには定散の自力心をひるがえして、弘願の三心に自力の行者を転入せしめんという仏意がはたらいているというべきである。

顕説の義によれば、回向発願心とは所修の一切の善根を回向して往生を願う心であるが、そこには真実への方便の階梯である定散の自力心をひるがえして、他力の信に帰せしめんという仏意がはたらいているというべきである。かかる回向発願心にこめられた仏意に導かれ、自力の願生行者が定散二善の自力心をひるがえして、他力の信に帰入する深意を、宗祖は「定散二善を回して、『大経』の三信をえんとねがふ」と釈されたものとうかがうのである。

そしてこの回向発願心の釈につづいて、方便の三心である深心と至誠心をあげて「方便の深心と至誠心としるべし」と結ばれているのである。自力の三心は、回向発願心に帰一するから、順序を逆転して、深心、至誠心と次第して釈されているのである。

五

最後に、第四句の「即不得生」の釈文であるが、「真実の三信心をえざれば、即不得生といふなり。即はすなはちといふ、不得生といふは、生るることをえずといふなり。三信かけぬるゆゑにすなはち報土に生れずとなり」と述べられている。他力の三信かければ、報土往生はかなわぬという釈文である。

「即」を「すなはち」と釈されている。唯今の場合は異時即である。時間をへだてても二者が相離れざる関係にあることをいう。すなわち信心の行者が、平生に信心決定し、臨終一念の夕べに浄土に往生して仏果を証する、順次の往生をとげる場合をいう。真実の他力信心を得ざるものは、順次の生に即時に報土往生がかなわぬことを釈せられているのである。

雑行雑修の自力定散の機類は、他力の信心を具足しないから、多生曠劫の流転をせざるを得ない。他力の一心を得て、はじめて真実報土に生ずることができるのである。かかる点より「不得生」といわれているのである。『大経』所説（『註釈版聖典』七七頁）の如く、たまたま胎生・辺地の化土に生まれることがあっても、五百年を経て真実の報土の往生が可能になるのであり、『菩薩処胎経』（『往生要集』所引『註釈版聖典（七祖篇）』一一二七頁）のごときは、億千万人中、まれに一人、真実報土に往生すると説かれている。

以上のごとき仏説により、宗祖は真実他力の信心の獲得を説示されているのである。

(三) 虚仮不実

【本 文】

「不《ふ》得《とく》外《げ》現《げん》賢《けん》善《ぜん》 精《しょう》進《じん》之《し》相《そう》」（散善義）といふは、あらはに、かしこきすがた、善人《ぜんにん》のかたちをあらはすことなかれ、精進《しょうじん》なるすがたをしめすことなかれとなり。そのゆゑは「内懐虚仮《ないえこけ》」なればなり。「内《ない》」はうちといふ、こころのうちに煩悩《ぼんのう》を具《ぐ》せるゆゑに虚《こ》なり、仮《け》なり。「虚《こ》」はむなしくして実《じつ》ならぬなり、「仮《け》」はかりにして真《しん》ならぬなり。このこころは上《かみ》にあらはせり。この信心《しんじん》はまことの浄土《じょうど》のたねとなり、みとなるべしと、いつはらず、へつらはず、実報土《じっぽうど》のたねとなる信心《しんじん》なり。しかればわれらは善人《ぜんにん》にもあらず、賢人《けんじん》にもあらず。賢人《けんじん》といふは、かしこくよきひとなり。精進《しょうじん》なるこころもなし、懈怠《けだい》のこころのみにして、うちはむなしく、いつはり、かざり、へつらふこころのみつねにして、まことなるこころなき身《み》なりとしるべしとなり。「斟酌《しんしゃく》すべし」（唯信鈔）といふは、ことのありさまにしたがうて、はからふべしといふことばなり。

（『註釈版聖典』七一四頁）

【現代語訳】

『観経疏』に「不得外現賢善精進之相（外に賢善精進の相を現ずることを得ざれ）」といわれているのは、表だって、自分が立派ですぐれているような振舞いや、善人であるような素振りを見せてはならない、仏道に励んでいるような姿を示してはならないというのである。なぜなら「内懐虚仮（内に虚仮を懐いて）」だからである。「内」は「うち」ということである。心のうちに煩悩をそなえているから、「虚」なのであり、「仮」なのである。「虚」は「むなしい」ということで、実ではないということである。「仮」は「かりの」ということで、真ではないということである。これらの文字の意味については、すでに示した通りである。この信心は真実の浄土に生れる種となり、実となるべきものであるというのである。それは、いつわりやへつらいを離れた、真実の浄土に生れる因となる信心なのである。わたしたちは善人でもなければ、賢者でもない。賢者というのは、立派ですぐれた人のことである。ところがわたしたちは、仏道に励む心もなく、ただ怠けおこたる心ばかりであり、心のうちはいつも、むなしく、いつわり、飾り立て、へつらうばかりであって、真実の心がないわが身であると知らなければならないというのである。『唯信鈔』に「斟酌しなければならない」といっているのは、自分自身がどのようなものであるのかということを知り、それにしたがってよく考えなければならないという言葉である。

【講　読】

一

所釈の文は、「散善義」至誠心釈の文である。原文は「不得外現賢善精進之相内懐虚仮」とある。『唯信鈔』（『註釈版聖典』一三四六頁）における本文の引用個所の文脈を見るに、至誠心の内容説明がなされている。まず至誠心を真実のこころと釈し、その真実心とは、不真実のこころを捨てて真実のこころをあらわすべしといい、内心には今生の名利に着しながら、外相には世を厭うようなふりをし、外には善心ありげな尊い人のように振る舞い、内面では不善放逸のこころを持している。このようなものを「虚仮のこころとなづけて、真実心にたがへる相とす」といい、逆に「これを（虚仮のこころ）ひるがへして真実心をばこころえつべし」と説示している。

次いで、「いま真実心といふは、浄土をもとめ穢土をいとひ、仏の願を信ずること、真実のこころにてあるべしとなり」と、真実心の内容について釈されている。そしてこの証文として、唯今の「散善義」の釈文が引用されているのである。

この釈文の訓読であるが、法然聖人の『選択集』三心章引用の「散善義」の釈文は、「外《ほか》に賢善《けんぜん》精進《しょうじん》の相《そう》を現《げん》じ、内《うち》に虚仮《こけ》を懐《いだ》くことを得《え》ざれ」（『註釈版聖典（七祖篇）』一二三三頁）と読まれている。内外不一致を誡める文意である。聖覚法印も、この法然聖人と同一線上の理解といえよう。

これに対し、宗祖の上をうかがうに、「信巻」において「散善義」の釈文を引用して次の如く読まれている。「外《ほか》に賢善《けんぜん》精進《しょうじん》の相《そう》を現《げん》ずることを得《え》ざれ、内《うち》に虚仮《こけ》を懐《いだ》いて」（『註釈版聖典』二一七頁）とある。法然聖人においては上記の如く、外相には賢善精進の相ではあるが、内心は虚仮であるという内心と外相の不調を誡める文としての理解である。これを「信巻」においては、宗祖は外相に賢善精進の相をよそおうてはならない、内心には虚仮不実のこころをいだいているからだという文意に解し、人間の本質が虚仮なる自覚に立っておられる。これと同一線上において、唯今の『唯信鈔文意』の釈文の展開があるといえよう。

二

本鈔における宗祖の解釈をうかがうに、本来一連の文である「散善義」の釈文を、「不得外現賢善精進之相」と「内懐虚仮」の二句に分けて釈されている。凡夫は本来、貪瞋邪偽、悪性やめがたき存在である。外相にいくら賢善精進の相をよそおっても、雑毒虚仮の行でしかありえない。かかる凡夫の本性を見きわめ、宗祖は後句の「内懐虚仮」を前句の因由を示すものとして位置づけ、分離して釈されているのである。

すなわち「不得外現賢善精進之相」の文を釈して、「あらはに、かしこきすがた、善人のかたちをあらはすことなかれ、精進なるすがたをしめすことなかれとなり」と説示されている。いかに外に賢善精進の相を現じようとしても、それは表面をかざったいつわりの姿でしかありえない。何故ならば「内懐虚仮」であるからである。「内はうちといふ、こころのうちに煩悩を具せるゆゑに虚なり、仮なり。虚はむなしくして実ならぬなり、仮はかりにして真ならぬなり。このこころは上にあらはせり」と釈されている。煩悩具足、虚仮不実の凡夫の内面をえぐられているのである。煩悩具足の虚仮不実のこころしか持ちえないわれらにおいては、いつわらざる賢善精進の相は到底現ずることは不可能である。ここに外相に賢善精進の欺瞞の相を現ぜず、虚仮不実のおのが心を見つめ、清浄真実の信心をいただく、唯信の大道を歩むべきことを、宗祖は教示されているのである。

本文中の「このこころは上にあらはせり」とは、本鈔冒頭において「虚仮」について釈されてある一段を指摘されているのである。

かくて虚仮不実の私ども凡夫の救われていく道は、弥陀回向の真実信心の外なきことを、宗祖は「この信心はまことの浄土のたねとなり、みとなるべしと、いつはらず、へつらはず、実報土のたねとなる信心なり」と教示されているのである。まことに清浄真実の如来よりたまわりたる信心は、涅槃の真因というべきである。

三

ついで弥陀回向の信に生かされる凡夫の現実を内省して、「しかればわれらは善人にもあらず、賢人にもあらず。賢人といふは、かしこくよきひとなり。精進なるこころもなし、懈怠のこころのみにして、うちはむなしく、いつはり、かざり、へつらふこころのみつねにして、まことなるこころなき身なりとしるべしとなり」と述べられている。凡夫の内心は虚仮不実でしかありえない。したがって外面にいかに賢善精進の相をかざっても、それはうそ、いつわりの仮面でしかありえない。

まことの心なき身でありながら、外面をかざることを誡められているのである。

最後に「斟酌すべし（唯信鈔）といふは、ことのありさまにしたがうて、はからふべしといふことばなり」と説示されている。「斟酌すべし」の句は、『唯信鈔』に至誠心を釈された最後に、「いま真実心《しんじつしん》といふは、浄土《じょうど》をもとめ穢土《えど》をいとひ、仏《ぶつ》の願《がん》を信《しん》ずること、真実《しんじつ》のこころにてあるべしとなり。かならず、恥《はじ》をあらはにし、とがを示《しめ》せとにはあらず。ことにより、をりにしたがひてふかく斟酌《しんしゃく》すべし」（『註釈版聖典』一三四七頁）と示されている。

その意味するところは、真実心とは浄土を求め穢土を厭い、仏の願力を信ずるまことの心のことである。それを取り違えて、浄土を願うものはどのようなことでも、ありのままを外にあらわさねばまことではなく、虚仮になるといい、放逸無慚の造悪無碍の邪道におちいるものがいる。この点を聖覚法印は注意すべきこととして「ことにより、をりにしたがひてふかく斟酌すべし」といわれているのである。斟酌とは、何事も合点してとりはからい処理をする意である。

宗祖もこの句を引抄して、「ことのありさまにしたがうて、はからふべしといふことばなり」と釈し、信心の行者の自戒を教示されたものといえよう。

㈣　不簡破戒罪根深

【本　文】

「不簡破戒罪根深《ふけんはかいざいこんじん》」（五会法事讃）といふは、もろもろの戒《かい》をやぶり、罪《つみ》ふかきひとをきらはずとなり。このやうは、はじめにあらはせり。よくよくみるべし。（『註釈版聖典』七一五頁）

【現代語訳】

『五会法事讃』に「不簡破戒罪根深」といわれているのは、さまざまな戒律を破り、罪が深い人を選び捨てないというのである。このことは、すでにはじめの方に示している。よくご覧になっていただきたい。

【講　読】

この文は『五会法事讃』の文であり、すでに本鈔において先に解釈されている八句の偈中の第六句である。唯今の一句は『唯信鈔』の深心釈中（『註釈版聖典』一三四八頁）に引用されている二種深信を示す条下において、仏願を信じないのではないが、我身をみるに罪障深く、善心なく、心はつねに散乱して、一心を得ることは困難である。仏願深しといえども救われ難しと、本願を疑うものがいるといいい、これに対して、誡めて五逆の罪人といえども仏の本願は救いたもうことを述べ、その証文として唯今の『五会法事讃』の一句を引抄されているのである。

宗祖は前段において、「内懐虚仮」のまことのこころなき凡夫の現実を指摘されていた。これと直結して、深心釈の二種深信の証文としてあげられる「不簡破戒罪根深」の句を重ねて引用することにより、無碍光仏の無碍の救いの真実を説示されているのである。すなわち「もろもろの戒をやぶり、罪ふかきひとをきらはず」と述べられているのである。

第七章　乃至十念論

(一)　第十八願文

【本　文】

「乃至十念《ないしじゅうねん》　若不生者《にゃくふしょうじゃ》　不取正覚《ふしゅしょうがく》」（大経・上）といふは、選択本願《せんじゃくほんがん》（第十八願）の文《もん》なり。この文《もん》のこころは、「乃至十念《ないしじゅうねん》の御《み》なをとなへんもの、もしわがくにに生《うま》れずは仏《ぶつ》に成《な》らじ」と誓《ちか》ひたまへる本願《ほんがん》なり。「乃至《ないし》」は、かみしもと、おほきすくなき、ちかきとほきひさしきをも、みなをさむることばなり。多念《たねん》にとどまるこころをやめ、一念《いちねん》にとどまるこころをとどめんがために、法蔵菩薩《ほうぞうぼさつ》の願《がん》じましまします御《おん》ちかひなり。

（『註釈版聖典』七一五頁）

【現代語訳】

「乃至十念　若不生者　不取正覚（乃至十念せん。もし生れざれば正覚を取らじ）」というのは、『無量寿経』に説かれている選択本願の文である。この文の意味は、「乃至十念の名号を称えるものが、もしわたしの国に生れないようなら、わたしは仏にはならない」とお誓いになった本願ということなのである。「乃至」とは、上も下も、多いも少ないも、短い間も長い間も、すべてみな含めて示す言葉である。これは、多念にとらわれる心をやめさせ、また一念にとらわれる心を押しとどめるために、法蔵菩薩がおたてになった誓願なのである。

【講　読】

一

以下本文の終わりまで、十念の解釈をめぐっての釈文の展開がなされている。この十念の解釈の一段であるが、『唯信鈔』においては、その生起次第は下記の通りである。

すなわち念仏の行者は三心を具すべしとして、三心が釈されている。次いで十念が釈されている。

まず（1）第十八願文の「乃至十念　若不生者不取正覚」の文をあげている。次いでこの十念のついて、法華においては「一念随喜」というのは、（2）「非権非実の理」に達することであり、十念は十返の称名ではないという疑義をあげている。この疑を釈せんために、（3）『観経』下々品においては、五逆十悪のものでも十返の称名で浄土に生まるとある。下々品では「応称無量寿仏」といい、「具足十念称南無阿弥陀仏等」とある。この経文に順じて、本願文の「乃至十念」は称名と解している。そして（4）善導大師の『往生礼讃』に出る「乃至十念」を「称我名号下至十声等」と解する本願文釈に注目し、本願の「乃至十念」は十声の称名と結している（『註釈版聖典』一三五〇頁）。

いま『唯信鈔文意』はかかる『唯信鈔』の所説を受けての展開であり、上記『唯信鈔』所出の（1）第十八願文、（2）非権非実の文、（3）『観経』下々品の文、（4）『往生礼讃』の本願文釈の文を次第に順じて解されている。

唯今は（1）第十八願の乃至十念についての解釈である。

二

宗祖は所引の選択本願の文意を、「この文のこころは、〈乃至十念の御なをとなへんもの、もしわがくにに生れずは仏に成らじ〉とちかひたまへる本願なり」と釈し、「乃至十念」が称名念仏であることを説示されている。そして「乃至」を解釈して、(イ)かみしも、(ロ)おほきすくなき、(ハ)ちかきとほきひさしきの三義を示されている。(イ)かみしもとは、上下相対して、位地に約しての解釈である。上は一形(一生涯)を尽くし、下は十声一声にいたる称名念仏の意である。(ロ)おほきすくなきとは、多少相対で、数量に約しての解釈である。念仏の多少のことである。(ハ)ちかきとほきひさしきとは、近遠対、久近対の意で、時間の上よりの念仏の分別である。

『一念多念文意』を見るに、乃至を解釈して「〈乃至《ないし》〉は、おほきをもすくなきをも、ひさしきをもちかきをも、さきをものちをも、みなかねをさむることばなり」(『註釈版聖典』六七八頁)と釈されている。多少・久近・前後を摂する義で釈されている。また『本典』『略典』の上を見るに四釈ある。

(イ)、乃下合釈(『行巻』)。「『経《きょう》』(大経)に〈乃至《ないし》〉といひ、釈《しゃく》(散善義)に〈下至《げし》〉といへり。乃下《ないげ》その言異《ことばこと》なりといへども、その意《こころ》これ一《ひと》つなり」

(ロ)、一多包容(『行巻』)。「乃至《ないし》とは一多包容《いったほうよう》の言《ことば》なり」(『註釈版聖典』一八八頁)

(ハ)、包摂多少(『信巻』)。「乃至《ないし》といふは、多少《たしょう》を摂《せっ》するの言《ことば》なり」(『註釈版聖典』二五一頁)

(ニ)、兼上下略中(『浄土文類聚鈔』)。「乃至《ないし》といふは、上下《じょうげ》を兼《か》ねて中《ちゅう》を略《りゃく》するの言《ことば》なり」

（『註釈版聖典』四七九頁）

以上のごとき宗祖の「乃至」の解釈は、法然聖人の『選択集』の所説を受けての展開である。『選択集』本願章を見るに、「乃至」と「下至」について次の如く釈されている。経に「乃至」とあり、善導大師の釈文に「下至」とある意を問い、「乃至」と「下至」とは「その意これ一なり」といい、「『経《きょう》』に〈乃至《ないし》〉といふは、多《た》より少《しょう》に向《む》かふ言《ことば》なり。多《た》といふは上《かみ》一形《ぎょう》を尽《つく》すなり。少《しょう》といふは下《しも》十声《しょう》・一声等《しょうとう》に至《いた》るなり。釈《しゃく》に〈下至《げし》〉といふは、下《げ》とは上《じょう》に対《たい》する言《ことば》なり。下《げ》とは下《しも》十声《しょう》・一声等《しょうとう》に至《いた》るなり。上《じょう》とは上《かみ》一形《ぎょう》を尽《つく》すなり。……善導《ぜんどう》の総《そう》じて念仏往生《ねんぶつおうじょう》の願《がん》といふは、その意《こころ》すなはちあまねし。しかる所以《ゆえん》は、上《かみ》一形《ぎょう》を取《と》り、下《しも》一念《ねん》を取《と》るゆゑなり」（『註釈版聖典（七祖篇）』一二一三～一二一四頁）。善導大師は「乃至十念」を、上は一形の称名より、下は一声の念仏までも摂する意で釈していると説示されている。宗祖の「乃至」の解釈は、上記のごとき『選択集』乃下合釈を受けての展開というべきである。

三

ところで、「乃至十念」を善導大師は口称念仏で釈されているが、これを受け法然聖人は『選択集』本願章において、念声是一釈を展開し、「乃至十念」は観念念仏ではなく、口称念仏であることを説示されている。

すなわち『大経』には「十念」といい、善導大師の釈文には「十声」という。念・声の義いかんと問い、念と声とは同一であると答えている。その理由として、まず（一）『観経』下々品の文を的証として引用されている。

『観経《かんぎょう》』の下品下生《げぼんげしょう》にのたまはく、「声《こえ》をして絶《た》えざらしめて、十念《ねん》を具足《ぐそく》して、〈南無阿弥陀《なもあみだ》仏《ぶつ》〉と称《しょう》せば、仏《ぶつ》の名《みな》を称《しょう》するがゆゑに、念々《ねんねん》のうちにおいて八十億劫《おくこう》の生死《しょうじ》の罪《つみ》を除《のぞ》く」と。

いまこの文《もん》によるに、声《しょう》はこれ念《ねん》なり、念《ねん》はすなはちこれ声《しょう》なり。

（『註釈版聖典（七祖篇）』一二一二頁）

下々品の「具足十念称南無阿弥陀仏」の文により、第十八願の「乃至十念」を称名と釈されているのである。

そしてさらに、（二）『大集月蔵経』の「大念は大仏を見、小念は小仏を見る」とある文と、（三）これを釈した懐感禅師の『群疑論』の「大念といふは大声に仏を念じ、小念といふは小声に仏を念ずるなり」とある釈文により、本願の十念は称名である旨を釈顕されているのである。本鈔における宗祖の「乃至十念」の解釈は、以上のごとき『選択集』を受けての展開といえるであろう。

四

最後に宗祖は「多念にとどまるこころをやめ、一念にとどまるこころをとどめんがために、法蔵菩薩の願じましますす御ちかひなり」と結ばれている。当時、一念多念の異執が流行していたのである。法然聖人においては、『選択集』本願章において「名号《みょうごう》はこれ万徳《まんどく》の帰《き》するところなり」（『註釈版聖典（七祖篇）』一二〇七頁）と説示されている。名号には仏正覚の果徳が摂在しているのである。また利益章において、称名念仏は「一念《ねん》をもつて一無上《むじょう》となす……千念《ねん》をもつて千無上《むじょう》となす」（『註釈版聖典』一二二四頁）といい、一声の称名でも千声の称名でも無上大利の念仏である旨を釈顕されている。したがって、「乃至十念」の称名は、一多に限定されない非一非多の念仏であるといえよう。

かかる師法然聖人の念仏往生の教えを、他力回向の立場より、さらに深化発展せしめられたのが宗祖の教学である。仏回向の名号を心に領納し、称する念仏は、すべて如来の本願力のたまもの以外のなにものでもない。本願力によりたまわった一念であり、多念である以上、一多の偏執は問題外というべきである。

『尊号真像銘文』に「乃至十念」を釈して、

「乃至十念《ないしじゅうねん》」と申《もう》すは、如来《にょらい》のちかひの名号《みょうごう》をとなへんことをすすめたまふに、遍数《へんじゅ》の定《さだ》まりなきほどをあらはし、時節《じせつ》を定《さだ》めざることを衆生《しゅじょう》にしらせんとおぼしめして、乃至《ないし》のみことを十念《じゅうねん》のみなにそへて誓《ちか》ひたまへるなり。如来《にょらい》より御《おん》ちかひをたまはりぬるには、尋常《じんじょう》の時節《じせつ》をとりて臨終《りんじゅう》の称念《しょうねん》をまつべからず、ただ如来《にょらい》の至心信楽《ししんしんぎょう》をふかくたのむべしとなり。

（『註釈版聖典』六四四頁）

と述べられている。「ただ如来の至心信楽をふかくたのむべし」と教示されてある如く、信心決定して称する「乃至十念」の称名は、数の多少、時間の長短にとらわれない、本願他力によりめぐまれた念仏のいとなみであるといただくばかりである。

（二）非権非実の一念

【本文】

「非権非実《ひごんひじつ》」（唯信鈔）といふは、法華宗《ほっけしゅう》のをしへなり。浄土真宗《じょうどしんしゅう》のこころにあらず、聖道《しょうどう》家《け》のこころなり。かの宗《しゅう》のひとにたづぬべし。

（『註釈版聖典』七一六頁）

【現代語訳】

「非権非実」というのは、天台宗の教えである。往生浄土の真意を明らかにしたものではなく、聖道門の考え方である。天台宗の方に尋ねなさい。

【講　読】

『唯信鈔』（同一三五〇頁）に、本願文の「乃至十念」の解釈について、疑をなす異義者の説をあげ批判している。すなわち法華宗に「一念随喜」の教説がある。この一念とは「非権非実の理」に達することである。かかる点より本願の十念も、十返口《くち》に称える念仏ではないという疑である。

これを受け、宗祖は「非権非実」の教説は天台宗の教えであり、浄土真宗のこころではないといい、一念義の偏執を否定されているのである。高田派専修寺蔵宗祖真蹟本（『原典版聖典』八〇八頁）には、「非権非実」に左訓して、「中道実相ノオシエナリ」と釈されている。いわゆる、迷悟の階級を十種に分けたものを十界という。このなか「実」は仏界であり、「権」は他の九界である。これを天台宗では、十界権実というのであり、この十界の一々に他の九界を具して、十界は互具にして平等であると円融の理を展開している。かかる十界互具・平等の理、いいかえれば中道実相の教え、非権非実の理に観達するのを「一念随喜」というのである。本願の十念は、かかる天台宗でいう義ではないことを明確に論断されているのである。

(三)『観経』下々品の文

【本　文】

「汝若不能念《にょにゃくふのうねん》」(観経)といふは、五逆《ごぎゃく》・十悪《じゅうあく》の罪人《ざいにん》、不浄説法《ふじょうせっぽう》のもの、やまふのくるしみにとぢられて、こころに弥陀《みだ》を念《ねん》じたてまつらずは、ただ口《くち》に南無阿弥陀仏《なもあみだぶつ》ととなへよとすすめたまへる御《み》のりなり。これは称名《しょうみょう》を本願《ほんがん》と誓《ちか》ひたまへることをあらはさんとなり。「応称無量寿仏《おうしょうむりょうじゅぶつ》」(観経)とのべたまへるはこのこころなり。「応称《おうしょう》」はとなふべしとなり。

「具足十念《ぐそくじゅうねん》　称南無無量寿仏《しょうなもむりょうじゅぶつ》　称仏名故《しょうぶつみょうこ》　於念々中《おねんねんちゅう》　除八十億劫生死《じょはちじゅうおくこうしょうじ》之《し》罪《ざい》」(観経)といふは、五逆《ごぎゃく》の罪人《ざいにん》はその身《み》に罪《つみ》をもてること、十八十億劫《とはちじゅうおくこう》の罪をもてるゆゑに、十念南無阿《じゅうねんなもあ》弥陀仏《みだぶつ》ととなふべしとすすめたまへる御《み》のりなり。一念《いちねん》に十八十億劫《とはちじゅうおくこう》の罪《つみ》を消《け》すまじきにはあらねども、五逆《ごぎゃく》の罪《つみ》のおもきほどをしらせんがためなり。「十念《じゅうねん》」といふは、ただ口《くち》に十返《じっぺん》

をとなふべしとなり。　　　　　　　　　　　　　　　　　　　（『註釈版聖典』七一六頁）

【現代語訳】

『観無量寿経』に「汝若不能念（なんぢもし念ずるあたはずは）」と説かれているのは、五逆・十悪の罪を犯した人や、私利私欲のために教えを説いたものが、病の苦しみに阻まれて、心に阿弥陀仏を念じることができなければ、ただ口に「南無阿弥陀仏」と称えよとお勧めになっているお言葉である。これは称名念仏を本願の行としてお誓いになっていることをあらわそうとされているのである。続いて「応称無量寿仏（まさに無量寿仏を称すべし）」と説かれているのは、この意味である。「応称」は、称えよということである。

『観無量寿経』に「具足十念　称南無無量寿仏　称仏名故　於念々中　除八十億劫　生死之罪（十念を具足して南無無量寿仏と称せしむ。仏名を称するがゆゑに、念々のなかにおいて八十億劫の生死の罪を除く）」と説かれているのは、五逆の罪を犯した人はその身に八十億劫の十倍の罪をもつことになるので、十回「南無阿弥陀仏」と称えよとお勧めになっているお言葉である。一回の念仏で八十億劫の十倍の罪を消すことができないのではないけれども、五逆の罪がどれほど重いのかを人々に知らせるために、このようにいわれているのである。「十念」というのは、ただ口に念仏を十回称えよというのである。

【講読】

一

本願の「乃至十念」を十声の称名と解されたのは、中国の善導大師である。すなわち『観経』下々品の文に立脚しての所論である。これを受けて法然聖人は、『選択集』本願章において念声是一釈を展開して、「乃至十念」は観念ではなく、口称念仏であることを説示されていたことは、すでに詳説した通りである。

この法然聖人を伝統し、聖覚法印は『唯信鈔』において、本願の「乃至十念」を称名と解する根拠に『観経』下々品の文をあげられているのである。唯今はこれを受けての展開である。ところで、下々品の称名念仏の解釈にあたって、善導大師は『散善義』において独自の解釈をされている。いわゆる、転教口称の釈である。『唯信鈔文意』の宗祖の下々品の文の解釈の上に善導教学の伝統を見るのである。まず関連の下々品の文をあぐれば、次の通りである。

遇善知識種々安慰　為説妙法教令念仏　此人苦逼不遑念仏　善友告言　汝若不能念者応称無量

寿仏　如是至心令声不絶　具足十念称南無阿弥陀仏　称仏名故　於念念中　除八十億劫生死之罪。　（『原典版聖典』一四三頁）

善知識《ぜんぢしき》の、種々《しゅじゅ》に安慰《あんに》して、ために妙法《みょうほう》を説《と》き、教《おし》へて念仏《ねんぶつ》せしむるに遇《あ》はん。この人《ひと》、苦《く》に逼《せ》められて念仏《ねんぶつ》するに遑《いとま》あらず。善友《ぜんぬ》、告《つ》げていはく、「なんぢもし念《ねん》ずるあたはずは、まさに無量寿仏《むりょうじゅぶつ》〔の名〕を称《しょう》すべし」と。かくのごとく心《こころ》を至《いた》して、声《こえ》をして絶《た》えざらしめて、十《じゅう》念《ねん》を具足《ぐそく》して南無阿弥陀仏《なもあみだぶつ》と称《しょう》せしむ。仏名《ぶつみょう》を称《しょう》するがゆゑに、念々《ねんねん》のなかにおいて八十億《はちじゅうおく》劫《こう》の生死《しょうじ》の罪《つみ》を除《のぞ》く。　（『註釈版聖典』一一五頁）

経文は、下々品の五逆十悪の罪人が、臨終に善知識の教えにより、称名念仏往生する相状を説いた一段である。

「散善義」（『註釈版聖典（七祖篇）』四九五頁）によれば、善導大師は『経』の「苦逼不遑念仏」とある文を、「五には罪人《ざいにん》死苦来《しくきた》り逼《せ》めて、仏名《ぶつみょう》を念《ねん》ずることを得《う》るに由《よし》なきことを明《あ》かす」と釈し、死苦来たりて名号の功徳を憶念することができないと解している。次の「汝若不能念者応称無量寿仏」とある経文を釈して、「六には善友苦しみて失念すと知りて、教を転じて口に弥陀の名号を称せしむることを明かす」と説示されている。自力の憶念のはからいにおちいっているものに対し、自力の執心を否定して、ただ口に名号を称せよと、願力に乗托した、称功を認めぬ他力の称名を教える経文の源底の意を開顕しているのである。いわゆる転教口称の念仏である。

以上の視点よりさらにこの次下の『経』の「如是至心令声不絶　具足十念称南無阿弥陀仏」とある文を釈して、「七には念数の多少、声々間なきことを明かす」といい、具足十念の念仏は口称念仏であり、念数の多少に関係なく称する本願他力の念仏であることを明らかにされているのである。

二

以上のごとき善導大師の釈を伝統し、『唯信鈔文意』において、宗祖は転教口称の経文を釈して、「汝若不能念」を「五逆・十悪の罪人、不浄説法のもの、やまふのくるしみにとぢられて、こころに弥陀を念じたてまつらずは」といい、「応称無量寿仏」を「ただ口に南無阿弥陀仏ととなへよとすすめたまへる御のりなり。これは称名を本願と誓ひたまへることをあらはさんとなり。〈応称無量寿仏〉（観経）とのべたまへるはこのこころなり。〈応称〉はとなふべしとなり」と教示されている。

「五逆・十悪の罪人」とは下々品に出ているが、「不浄説法のもの」とは下中品の文である。不浄説法とは、所説の法は不浄ではないが、能説の人の説く心が名利を好むから不浄説法というのである。宗祖は、五逆十悪とともに不浄説法の重罪を説示されているものとうかがうのである。

そして「不能念」の「念」を、「こころに弥陀を念じ」と弥陀を憶念することと釈されている。自力の憶念のはからいにおちいり、苦にせめられて憶念をなす余裕のない下々品の罪人に、善知識は「ただ口に南無阿弥陀仏ととなへよ」と教えられたのである。「ただ口に」と宗祖は釈されている。能称の功を全く否定した、本願他力に全托した称名念仏であることを説示されている。本鈔冒頭に「〈唯《ゆい》〉はただこのことひとつといふ、ふたつならぶことをきらふことばなり」（『註釈版聖典』六九九頁）とも釈されてある如く、一切の自力のはからいを捨て、ただこのことひとつ、すなわち念仏一つを往生成仏の行と信じて、仏号を称することである。そしてこの称名念仏は、本願所誓の行であり、本願の具足十念は、口称の念仏であり、非権非実などの観念の念仏ではないことを、「これは称名を本願と誓ひたまへることをあらはさんとなり」と釈されているのである。

さらに次下に「〈応称無量寿仏〉（観経）とのべたまへるはこのこころなり。〈応称〉はとなふべしとなり」と釈されている。善知識は転教して「応称無量寿仏」と教えられている。その「応称」とは、「となふべしとなり」と明確に口称念仏である義を詮顕されている。ここに本願の十念は称名であることを、善導大師を受けて説示したもう宗祖のねんごろな解釈の展開があるといえよう。

三

最後に下々品の「具足十念　称南無無量寿仏　称仏名故　於念々中　除八十億劫生死之罪」とある経文の釈であるが、経文では「称南無阿弥陀仏」とあったものを、「称南無無量寿仏」と説示されている。これは直前の「応称無量寿仏」とあるものに対して、同意であることを示さんためにかく表示したもうたものとうかがう。

この称名念仏の滅罪について、下々品の五逆の罪人は「十八十億劫の罪」を持つと釈されている。下々品の五逆の罪人は、八十億劫の十倍の罪を有する存在であるから、十念すなわち十返の称名をすすめられているのである。一念一無上乃至千念千無上の称名念仏である。一念の称名でも、十八十億劫の罪を消滅する利益が存することは言をまたない。しかし唯今は、一念に八十億劫の罪を除き、十返称名念仏をなし、十念を具足したところ、十八十億劫の罪を除くと説示されてあるのは、五逆の重罪を知らしめんためにこのように説かれてあるという釈意である。

最後に「十念といふは、ただ口に十返をとなふべしとなり」と説示されてあるのは、十念は観念、憶念のことではなく、口に十返となえる称名の意であることを釈される宗祖のねんごろなご教示とうかがうのである。

(四)『往生礼讃』の十念釈義　―念と声―

【本　文】

しかれば選択本願《せんじゃくほんがん》（第十八願）には、「若我成仏《にゃくがじょうぶつ》　十方衆生《じっぽうしゅじょう》　称我名号《しょうがみょうごう》　下至十声《げしじっしょう》　若不《にゃくふ》生者《しょうじゃ》　不取正覚《ふしゅしょうがく》」（礼讃）と申《もう》すは、弥陀《みだ》の本願《ほんがん》は、とこゑまでの衆生《しゅじょう》みな往生《おうじょう》すとしらせんとおぼして十声《じっしょう》とのたまへるなり。念《ねん》と声《しょう》とはひとつこころなりとしるべしとなり。念《ねん》をはなれたる声《しょう》なし、声《しょう》をはなれたる念《ねん》なしとなり。

（『註釈版聖典』七一七頁）

【現代語訳】

このようなわけで、選択本願に「若我成仏十方衆生　称我名号　下至十声　若不生者　不取正覚（もしわれ成仏せんに、十方の衆生、わが名号を称せん、下十声に至るまで、もし生れずは正覚を取らじ）」と誓われていると『往生礼讃』にいわれているのは、阿弥陀仏の本願は、念仏するのがたとえ十回ほどであっても、みな浄土に往生することができることを知らせようと善導大師がお思いになって、「十声」といわれているのである。「念」と「声」とは同じ意味であると心得なさいというのである。「念」を離れた「声」はなく、「声」を離れた「念」はないということである。

【講　読】

すでに上に詳説した如く、宗祖は本願の「乃至十念」について、善導大師を伝統して『観経』下々品の文により、十念は十返の称名であることを論証された。これを受け「しかれば」といい、『礼讃』の自解本願の文をあげられているのである。

そしてこの自解本願の文を見るに、本願の「乃至十念」を「称我名号　下至十声」と従多向少の義で釈されている。この意を宗祖は「弥陀の本願は、とこゑまでの衆生みな往生すとしらせんとおぼして十声とのたまへるなり」と釈されている。

さらに「十念」を十声と称名で釈する根拠として、法然聖人の『選択集』本願章の念声是一釈により釈されている。上述の如く、法然聖人は「問《と》ひていはく、『経《きょう》』（大経・上）には〈十念《ねん》〉といふ、〈善導《ぜんどう》の〉釈《しゃく》には〈十声《しょう》〉といふ。念《ねん》・声《しょう》の義《ぎ》いかん。答《こた》へていはく、念《ねん》・声《しょう》は是《これ》一なり」（『註釈版聖典（七祖篇）』一二二二頁）と説示されている。これを受け宗祖は、「念と声とはひとつこころなり」と釈されている。念と声とは同意語である旨を明らかにされているのである。そして

「念をはなれたる声なし、声をはなれたる念なしとなり」といい、乃至十念の釈義を終えられているのである。

(五)　結　語

【本　文】

この文《もん》どものこころは、おもふほどは申《もう》さず、よからんひとにたづぬべし。ふかきことは、これにてもおしはかりたまふべし。

(『註釈版聖典』七一七頁)

【現代語訳】

これらの文の意味は、十分にいい表すことができていないけれども、浄土の教えをよく知っている人に尋ねていただきたい。また詳しいことは、これらの文によってお考えいただきたい。

【講　読】

この結語は、『法事讃』の「極楽無為涅槃界」の文以下を総結したものである。すなわち『大経』・『観経』・善導釈文を中心としての展開である。よって最後に結せられた一段とうかがう。『法事讃』の前は、法照禅師と慈愍三蔵の偈頌の釈である。それぞれの釈文の終わりには、三個所ともに同意の結語が説示されている。法照禅師の偈頌の釈文の終わりには「この文《もん》のこころはおもふほどは申《もう》さず。これにておしはからせたまふべし」（『註釈版聖典』七〇四頁）とあり、慈愍三蔵の釈文の終わりには「文《もん》のこころはおもふほどは申《もう》しあらはし候《そうら》はねども、あらあら申《もう》すなり。ふかきことはこれにておしはからせたまふべし」（『註釈版聖典』七〇八頁）とあり、両所とも唯今の結語と同一の文である。

かくて宗祖は、経釈の文意は十二分に説明できなかったけれども、文底の深意はこの『唯信鈔文意』の釈を通して推量してほしいと結ばれているのである。「よからんひと」とは、浄土の教えをよく存知されている人という意である。宗祖の謙虚なお人柄が偲ばれるのである。

第八章　むすび

【本　文】

南無阿弥陀仏《なもあみだぶつ》

ゐなかのひとびとの、文字《もんじ》のこころもしらず、あさましき愚痴《ぐち》きはまりなきゆゑに、やすくこころえさせんとて、おなじことをたびたびとりかへしとりかへし書《か》きつけたり。こころあらんひとはをかしくおもふべし、あざけりをなすべし。しかれども、おほかたのそしりをかへりみず、ひとすぢに愚《おろ》かなるものをこころえやすからんとてしるせるなり。

康元二歳正月二十七日《こうげんにさいしょうがつにじゅうしちにち》　愚禿親鸞八十五歳《ぐとくしんらんはちじゅうごさい》これを書写《しょしゃ》す。

（『註釈版聖典』七一七頁）

【現代語訳】

南無阿弥陀仏

都から遠く離れたところに住む人々は、仏教の言葉の意味もわからず、教えについてもまったく無知なのである。だから、そのような人々にもやさしく理解してもらおうと思い、同じことを何度も繰り返し繰り返し書きつけたのである。ものの道理をわきまえている人は、おかしく思うだろうし、あざけり笑うこともあるだろう。しかし、そのように世間の人からそしられることも気にかけず、ただひたすら教えについて無知な人々に理解しやすいようにと思って、書き記したのである。

［康元二年一月二十七日、愚禿親鸞八十五歳、これを書き写す。］

【講読】

一

右にかかげた本文冒頭の「南無阿弥陀仏」の尊号であるが、これを最後にかかげられた目的であるが、『一念多念文意』の最後にも尊号が置かれている。巻のはじめに仏名を置くのは、帰敬のためであって、経論釈の通例である。たとえば『讃阿弥陀仏偈』の冒頭に六字尊号がかかげられてあり、これを受け、『讃阿弥陀仏偈和讃』の冒頭にも尊号を安置して、帰敬の意をあらわされている。これに対して、一部の巻末に尊号を置かれるのは、仏恩報謝のためである。一部の書を作り、人にすすめるのは、これひとえに仏恩のしからしむるところである。この仏恩報謝のいとなみは、称名念仏を根本とすることは言をまたない。宗祖は一部の完成にあたり、その報謝のおもいを巻末に六字尊号をかかげることによりあらわされたものといえよう。

高田本山専修寺蔵の国宝本『浄土高僧和讃』巻末（『真宗史料集成』巻一、二八二頁）には「見写人者必可唱南無阿弥陀仏（見写の人はかならず南無阿弥陀仏を唱ふべし）」とあり、その他『皇太子聖徳奉讃』七十五首巻末（『真宗史料集成』巻一、三二二頁）にも「拝見奉讃人者　南無阿弥陀仏可唱々々（拝見奉讃の人は南無阿弥陀仏と唱ふべし唱ふべし）」とある。巻末における六字尊号の安置は、報恩感謝のおもいを宗祖が表せられたものといえよう。

二

次に、本書撰述の意図を述べられた一段であるが、『一念多念文意』にも同じ文が巻末に置かれている。このことは両書の撰述された意図が共通していることを示すものであろう。すでに述べている如く、関東における法門上の諍論、異解を是正しようと、宗祖は意をつくされているのである。「ゐなかのひとびと」すなわち関東の念仏者の方々は、仏教についての十分な素養もなく、仏教用語についての意味も知らない人びとである。このような関東の念仏者達に、平易に経論釈に説示されるみ教えを理解させようとして、同じことを繰り返し書きつけたのである。こころあらん学者は軽蔑するであろう。しかし私は人のそしりを無視して、ひたすらに仏教の教養のない人びとに、おみのりを平易に領解してもらいたく、本鈔を書き記したのである、と宗祖は撰述のこころを記されているのである。京都から遠く離れた関東の地に生き、ひたすら聖人を慕い、お念仏のみ教えを求める、文字のこころも知らぬ人びとに、かぎりなき真情をそそがれる、聖人のお心がにじんでいるといえるであろう。

三

最後に書写の年時が記されている。すなわち「康元二歳正月二十七日　愚禿親鸞八十五歳これを書写す」とある。宗祖が息男・慈信房善鸞を義絶されたのは、建長八年五月二十九日である。この年十月二十五日に改元されて、康元元年になっている。建長八年は宗祖八十四歳のときであり、康元二歳はその翌年、宗祖八十五歳のときである。第十八願をしぼめる花にたとえて、唯信の大道を否定した善鸞の異義に迷う関東の門弟に思いをはせ、唯信の大道に帰せしめるべく、悲痛な思いで宗祖は筆をとられているのである。

親鸞聖人の願いを私たちは心にいただき、真摯な学道を歩みたいと思う。

あとがき

「聖典セミナー」シリーズは、親鸞聖人のみ教えが一人でも多くの人に領解され、また理解されるように本願寺出版社が企画したもので、平成六（一九九四）年に一冊目の『歎異抄』が刊行されて以来、すでに「浄土三部経」（『無量寿経』『観無量寿経』『阿弥陀経』）や親鸞聖人の主著である『教行信証』（「教行巻」・「信巻」）をはじめ、「三帖和讃」（『浄土和讃』『高僧和讃』『正像末和讃』）や『一念多念文意』『尊号真像銘文』など浄土真宗の聖教の解説書を刊行してまいりました。

親鸞聖人の和語聖教の中、聖人が尊敬されていた聖覚法印の『唯信鈔』の要文を註釈し、聖人独自の領解が顕されている『唯信鈔文意』の出版は各方面から待望の声が挙がっていました。『唯信鈔文意』は、『唯信鈔』とともに聖人自身が何度も書写され、門弟に与えられていた聖教であるにもかかわらず、解説書が少ないことによります。

本書は、勧学寮頭であった普賢晃壽勧学が平成十一（一九九九）年四月号から平成十三（二〇〇一）年三月号までの計二十二回にわたって「宗報」に連載されたものを一冊にまとめ、「聖典セミナー」の体裁に合わせて加筆訂正されたものです。はじめに聖覚法印が著された『唯信鈔』を丁寧に解説くださり、次いで『唯信鈔文意』の本文を味わい深く講読されているので、浄土真宗の法義の特色が明らかにうかがえるようになっています。セミナーでの現代語訳は『浄土真宗聖典　唯信鈔文意―現代語版―』を用いました。

親鸞聖人の深遠な註釈が多く見られる『唯信鈔文意』のセミナーを通して、み教えが多くの方々に親しまれることを願ってやみません。

平成三十（二〇一八）年十月

本願寺出版社

参照文献

易行院法海師『唯信鈔文意辛巳録』
梅原真隆勧学『唯信鈔文意講義』
望月信亨著『中国浄土教理史』
宮崎圓遵著『真宗書誌学の研究』
松野純孝著『親鸞』
細川行信著『真宗教学史の研究　歎異抄／唯信抄』
浅野教信著『親鸞と浄土教義の研究』

○著者紹介○

普賢晃壽（ふげん　こうじゅ）

1931年、滋賀県に生まれる。
龍谷大学文学部卒業、宗学院卒業。
現在、本願寺派勧学、龍谷大学名誉教授、文学博士、
滋賀県彦根市行願寺前住職。

著　書　『中世真宗教学の展開』、『日本浄土教思想史研究』、『浄土文類聚鈔概説』（永田文昌堂）、『歎異抄の話』（本願寺出版社）など多数。

聖典セミナー「唯信鈔文意」

2018年10月16日　第一刷発行

著　者　普　賢　晃　壽
発　行　本　願　寺　出　版　社
〒600-8501
京都市下京区堀川通花屋町下ル
浄土真宗本願寺派（西本願寺）
TEL 075(371)4174　FAX 075(314)7753
http://hongwanji-shuppan.com/
印　刷　株式会社図書印刷同朋舎

ISBN978-4-89416-503-8 C3015　BD02-SH1-①01-81